El latido de la Cruz

Primera edición: febrero de 2026

Del texto: © José Manuel Carnerero López

Prólogo: Francisco Jesús Caro Crespillo

De esta edición: © Ediciones Pangea, 2026
41720 Los Palacios y Villafranca, Sevilla
www.edicionespangea.com

Edición al cuidado de José Peña Fierro
Composición de cubierta: Darío Delos

ISBN: 979-13-991165-7-1
Depósito Legal: SE 160-2026

Impresión: Ulzama Digital
Impreso en España / *Printed in Spain*

El latido de la Cruz

José Manuel Carnerero López

EDICIONES PANGEA

Índice

Prólogo

Siempre se ha dicho, y es un hecho demostrado que, por estas tierras andaluzas, la Pasión de Cristo se vive con una —valga la redundancia— pasión enorme e intensa. Los cofrades son esos hombres y mujeres que se afanan, durante todo un año, trabajando desde cada una de sus respectivas Hermandades para realizar sus Estaciones de penitencia. Esta cultura cristiana se desarrolla, casi siempre, durante los días de primavera con la eclosión de la flor del naranjo, por lo que ese aroma, junto con el incienso y las flores, realza aún más si cabe la emoción espiritual que se pretende.

La belleza de esos altares, que aquí llaman «pasos», es admirada por todos —agnósticos y ateos incluidos— por su calidad artística: dorados, plateados, barrocos, góticos, etc., la Imagen de Cristo se nos presenta de diversas formas iconográficas, según el pasaje evangélico a que se refiera: subido a una borriquilla, orando en el huerto, atado a la columna, con la Cruz a cuestas, Crucificado, en brazos de su Madre o en la urna. La Imagen de María se muestra en forma de Dolorosa, con distintas advocaciones, y nos la presentan bajo palio, escoltada por doce varales, grandes candelerías y un exquisito exorno floral, para enaltecer a la gran Reina y Señora de todos los cristianos: la Madre de Dios.

Estos pasos son movidos por personas que se esfuerzan para darle «vida» a sus Imágenes, procurando así afianzar la fe del público que asiste expectante. Los cortejos se complementan con sendas filas de nazarenos que van alumbrando y anunciando la llegada de su Cristo o de su Virgen.

El libro que tiene entre sus manos, querido lector o lectora, ahonda fehacientemente en la profunda fe de estos cofrades y desgrana cuidadosamente las labores que con devoción realizan cada uno de ellos. Pero hay más: son renglones para la reflexión, mas también reivindican la grandeza y la debilidad del ser humano cuando llega a ostentar algún cargo de importancia en alguna de las mencionadas Hermandades, poniendo en valor la humildad y el respeto que se debe tener para este sagrado culto.

La prosa exquisita que podrá saborear, si decide seguir adelante con la lectura, le hará emocionarse y sonreír, pero, sobre todo, le va a transportar a esos días en los que uno se encuentra en la calle y habla en la intimidad con Jesús.

Su autor, José Manuel Carnerero López, nació en el Hospital de la Santa Resurrección de Utrera, conocido popularmente como el «Hospitalito», en el año del Señor de 1966. Ha aportado al mundo cofrade y bebido

Prefacio

Desde lo alto de mi paso contemplo la vida. Las calles se convierten en ríos de fe, donde las almas caminan al compás del incienso y los tambores. Yo, el mismo que fue clavado entre el cielo y la tierra, vuelvo a ser alzado por manos de amor, entre el murmullo de oraciones y el rumor de un pueblo que me espera cada primavera.

Mi mirada abarca los templos abiertos, los cirios encendidos, los corazones que laten al verme pasar. Veo al costalero que se entrega en silencio, al nazareno que ofrece su cansancio como ofrenda, al niño que me saluda sin comprender aún del todo el misterio.

Y también veo, entre luces y sombras, a quienes se olvidan de que mi trono es una cruz, y no un pedestal.

Pero, aun así, los miro con ternura, porque el amor no condena: enseña y espera.

Cada Semana Santa vuelvo a vosotros para recordaros que sigo aquí: en cada esquina donde alguien reza, en cada mirada que se eleva al cielo, en cada lágrima que limpia el alma.

No regreso por costumbre ni por rito, sino por amor. Porque el amor no conoce calendario ni procesión; vive en el silencio del corazón que cree, que perdona, que espera.

Desde mi paso veo cómo los pueblos se visten de promesa, cómo la música se convierte en oración, cómo las flores, el oro y la cera se vuelven lenguaje del alma.

Pero os digo: lo que embellece mi rostro no son los bordados ni las luces, sino la fe que me acompaña.

La fe del humilde, la del que ayuda sin ser visto, la del que calla y sirve, la del que me lleva dentro sin necesidad de túnica ni medalla.

Yo no pertenezco a una sola hermandad, porque soy de todos los que creen, de los que aman y también de los que dudan.

Mi cruz sigue siendo el puente entre la tierra y el cielo, y mi palabra, el eco que aún resuena entre campanas y saetas.

Que este libro sea mi voz entre vosotros. Que cada página os hable como lo haría el viento que mece mi túnica, como la lágrima que se desliza por el rostro de una madre al verme pasar. Que, al leerme, sintáis que no es la pluma de un hombre la que escribe, sino el latido de un Dios que sigue caminando por vuestras calles.

Y cuando todo acabe —cuando el último tambor calle y el incienso se disipe—, recordad que sigo aquí, esperando la próxima aurora, para volver a salir al encuentro… como cada año, como siempre, como eterno.

1
Los ensayos y cultos

El ensayo avanza con cadencia lenta. No hay música de cornetas ni tambores todavía, pero el silencio, roto solo por la voz del capataz, suena igual de solemne.

«¡Todos por igual, valientes!», resuena con fuerza, y el eco parece grabarse en el aire helado de la noche.

El ensayo no es solo una preparación física: es un rito de disciplina, un ejercicio de hermandad que une a hombres muy distintos bajo un mismo madero.

Los costaleros saben que lo que sostienen no es solo madera y velas, sino un relato de fe que cada hombro y cada cuello cargan con respeto y devoción.

Algunos llevan años portando los pasos y conocen cada curva de las calles, cada piedra desigual del pavimento.

Otros, que apenas comienzan, sienten en el primer ensayo una mezcla de temor y asombro: el peso parece más grande de lo que imaginaban y, sin embargo, hay algo que los impulsa a seguir, una llamada que no se explica con palabras.

Paralelamente, en templos y capillas, las camareras, vestidores y floristas comienzan a poner en marcha sus planes.

Enero y febrero son meses de bocetos y decisiones cuidadosas: qué colores predominarán, qué telas se usarán, cómo se acomodarán los mantos y las joyas, qué flores acompañarán la devoción.

Cada elección es un acto de amor; cada detalle, un reflejo de la historia de la hermandad.

Mientras los costaleros entrenan sus cuerpos y las camareras preparan los ropajes, los cultos a los titulares se organizan: novenas, misas y rosarios que anticipan la solemnidad de la Semana Santa.

Las calles, todavía vacías, comienzan a llenarse de avisos, velas en hornacinas y pequeños altares que anuncian un tiempo de reflexión y penitencia.

Todo el barrio respira ese aire de preparación, un silencio expectante que envuelve la ciudad.

En medio de esta actividad hay quienes viven su fe de manera distinta, fuera de la mirada convencional.

Personas que aman de formas que no todos comprenden y que, sin embargo, participan con igual respeto y entrega.

Dios ve el corazón más que la apariencia; y es precisamente esa entrega callada, sin aplausos ni reconocimiento, la que da a la fe su valor más profundo.

El ensayo de los costaleros se convierte en un escenario donde se mezclan esfuerzos, historias y secretos.

Anécdotas que se repiten de año en año, gestos que se mantienen inalterables, risas que rompen la tensión en los momentos de cansancio.

La voz del capataz sigue siendo guía, pero también lo son los silencios compartidos, las miradas cómplices y la sensación de formar parte de algo más grande que uno mismo.

La devoción se siente en la respiración conjunta, en los pasos al unísono, en el leve bamboleo del paso que parece flotar sobre la ciudad dormida.

En las casas de las camareras, las telas se despliegan sobre las mesas y se estudian los colores bajo la luz fría de la mañana.

Cada puntada es un acto de oración; cada elección, un homenaje a los santos y a la tradición que los precede.

Los mantos y túnicas no son solo vestiduras: son relatos tejidos con paciencia, reflejos de la historia de cada cofradía, de cada barrio, de cada corazón que espera la Semana Santa con ansias y devoción.

Al mismo tiempo, los cultos a los titulares marcan la vida de los barrios.

Feligreses acuden con respeto, algunos por tradición familiar, otros por verdadera devoción.

El olor del incienso se mezcla con la fragancia de las flores, y las velas iluminan los altares con un brillo cálido que parece tocar el alma.

Las novenas y los rezos crean un hilo invisible que conecta a los presentes con los ausentes y con quienes ya no están, pero cuya memoria vive en cada plegaria.

Entre tanto movimiento también se percibe la reflexión sobre la vida y la justicia divina.

Algunos se preguntan por qué ciertas normas parecen favorecer a personas cuestionables, mientras que otros, pese a su bondad y entrega, se sienten limitados.

La fe verdadera no reside solo en cumplir reglas, sino en vivir con honestidad, respeto y amor por los demás.

El invierno pasa lentamente, y los ensayos continúan.

Cada levantá, cada giro y cada parada del paso son ejercicios de paciencia y resistencia, pero también de alegría compartida.

Los costaleros sienten cómo sus cuerpos se fortalecen y cómo sus vínculos se estrechan; saben que, cuando llegue la Semana Santa, cada esfuerzo habrá valido la pena.

Los preparativos de las camareras avanzan con igual intensidad.

Los bocetos se convierten en patrones; las telas se cortan y se cosen; las flores se seleccionan y se colocan con cuidado.

Cada detalle, por mínimo que parezca, es esencial para que la veneración del pueblo sea completa.

Las manos que trabajan en silencio construyen un puente entre lo humano y lo divino, recordando que la fe se expresa también a través de la belleza y la dedicación.

Y así, entre ensayos, cultos y preparativos, enero y febrero transcurren con un ritmo pausado pero firme.

Cada noche de ensayo, cada puntada dada y cada oración rezada contribuyen a un tiempo sagrado que anuncia la Semana Santa.

La ciudad despierta lentamente a una vida de devoción que pronto se hará visible en las calles llenas de pasos, incienso y penitentes.

Mientras tanto, Dios observa todo con paciencia y ternura.

Todo lo que se hace en secreto, con esfuerzo y amor, tiene un valor que no siempre es reconocido por los hombres.

Y es precisamente en esos actos sencillos, en la entrega callada y en la fe silenciosa de cada costalero, camarera o fiel distinto, donde reside la verdadera esencia de la Semana Santa: un tiempo de preparación, de amor y de comunión con lo divino.

2

La Cuaresma

El primer día de Cuaresma se despereza lentamente. El aire lleva un olor a tierra húmeda y a incienso recién comprado, mezclado con la promesa de flores que adornarán pasos y altares en los días venideros. Cada calle parece despertar con un susurro sagrado: los cofrades comienzan a mover cajas de cirios, mantos y tallas secundarias cuidadosamente guardadas desde el año anterior. Todo es un murmullo organizado, un baile silencioso de preparación que anuncia la proximidad de los días de fervor.

Los talleres de bordado laten con actividad. Mujeres y hombres revisan telas, arreglan los detalles dorados de los mantos y colocan con paciencia cada cosa en su sitio. Se escuchan el roce de las tijeras, el crujido de la madera y el suave susurro de plegarias murmuradas entre el trabajo cotidiano. Los pasos permanecen quietos, cubiertos de paños, como dormidos, mientras los cofrades repasan mentalmente los recorridos, los horarios y los ritos que deberán cumplir cuando llegue el tiempo solemne.

Entre los adoquines, los niños corren ajenos a la solemnidad, riendo entre las piernas de los adultos, jugando con los pequeños ecos de los tambores que aún no han sonado. Los mayores los miran con una mezcla de nostalgia y ternura, recordando los años en que ellos mismos corrían entre los pasos, aprendiendo que la devoción no se mide solo con rituales, sino con el corazón que acompaña cada gesto.

Las plazas despiertan también, llenas de vida y memoria. Las fuentes murmuran suavemente, mezclando el agua con el perfume de jazmines y azahar. Los vecinos se asoman a los balcones, ajustando faldones o revisando los detalles de los pasos que pronto recorrerán las calles. Desde lo alto, se percibe la armonía de los gestos, la cadencia de las manos que trabajan y de los corazones que laten al ritmo de una tradición que se renueva cada año.

Y mientras todo esto sucede, hay una presencia silenciosa que lo observa todo: desde lo alto de los pasos, desde la calma que lo envuelve todo, una mirada que abarca la ciudad, las casas, los patios, los adoquines y las personas. Todo queda registrado en esa mirada, que reconoce la ternura y los descuidos, la devoción genuina y la rutina impuesta, las pequeñas virtudes que a menudo pasan desapercibidas.

Desde la altura de la madera gastada del paso, contemplo a mis hijos envueltos en la preparación del rito, aún en la calma de la Cuaresma. El incienso se enreda en el aire como un suspiro antiguo, y los tambores laten en la imaginación de los que pronto los escucharán. Sus rostros emergen entre sombras y claridades: algunos iluminados por la fe, otros tensos, atrapados entre la costumbre y un corazón que a veces no encaja en ella.

Entre los preparativos que crujen bajo las manos de los cofrades, descubro milagros diminutos: una mano temblorosa que se aferra a otra, un beso robado entre jóvenes enamorados, la mirada esperanzada de un anciano que reconoce su pasado en la cadencia de la memoria. Todo me recuerda que la verdadera fe es invisible, ligera, como el humo del incienso que abraza cada gesto, cada sombra, cada risa.

Los niños corren y juegan, ajenos a la solemnidad, y en sus risas descubro la esencia de la fe: pura, ligera, libre. Sus voces se entrelazan con el crujir de los pasos aún dormidos, con el aroma del incienso, con el rumor de los adoquines. Todo lo contemplo, lo escucho, lo siento. Y aunque muchos no lo sepan, desde aquí arriba, entre la madera y los cirios, lloro y río con ellos al mismo tiempo, con un amor que no juzga y una paciencia que todo lo abarca.

Los preparativos continúan y, con ellos, las pequeñas historias que los vecinos tejen entre flores, madera y cirios. Un hombre coloca un candelabro con cuidado, recordando a quien ya no está; una joven se detiene un instante para contemplar el reflejo dorado de un manto en un charco de agua; un niño sostiene la mano de su padre mientras aprende los nombres de las flores que adornarán el paso. Una anciana suspira al recordar el rostro de su madre, que bordó aquel mismo manto hace tantos años, y una joven llora en silencio al pensar en el hermano que ya no regresará. Cada detalle, aunque aparentemente pequeño, es un acto de amor, de memoria, de esperanza.

Desde esa altura silenciosa, la mirada divina percibe la contradicción de los hombres: unos buscan cumplir con las normas sin comprender el verdadero sentido de la fe; otros, cargados de errores y debilidades, avanzan con bondad y entrega genuina. Y en ese contraste, en esa tensión constante entre apariencia y corazón, surge la enseñanza: la verdadera devoción no se mide con reglas ni con títulos, sino con la atención a los pequeños milagros, con la ternura que se esconde en cada gesto cotidiano, con la paciencia que sostiene la vida de los demás sin pedir nada a cambio.

El sol empieza a caer suavemente sobre los tejados, iluminando los pasos dormidos y las casas de hermandad llenas de actividad. La ciudad parece respirar con un ritmo nuevo: cada calle, cada esquina, cada mirada lleva consigo la preparación silenciosa de la Cuaresma. Las farolas parpadean con la luz de la tarde, reflejando el oro de los pasos y las sombras de los transeúntes. Y mientras los hermanos trabajan, ríen o se detienen en un momento de reflexión, la mirada que todo lo abarca sonríe en silencio, consciente de que cada esfuerzo, cada gesto, cada corazón que late con sinceridad, forma parte de un plan más grande, un tapiz que solo se comprende con paciencia y amor.

Así concluye la Cuaresma, con sus aromas, sus sonidos y sus silencios; con los preparativos que anticipan la solemnidad y la belleza de los días venideros; con la certeza silenciosa de que alguien lo observa, lo comprende y lo bendice, incluso en los detalles más pequeños, en los pasos más discretos, en los corazones que laten sin que nadie lo note.

3
El pregón

Ser pregonero no es solo hablar ante un público; ser pregonero es ponerse en el corazón mismo de la Semana Santa y hablar desde la verdad que late en cada paso, en cada hermano, en cada devoto. El pregón nace de la emoción y de la memoria. Cada paso levantado, cada mantilla que se desliza, cada tambor que marca el ritmo de la procesión, se convierte en palabras que buscan transmitir lo que todos sienten. No se trata de mostrar erudición ni de llenar de adjetivos los sentimientos; se trata de tocar el alma de quienes escuchan y de quienes, sin palabras, viven la devoción.

Al enfrentarse al atril, el pregonero se convierte en voz de la Semana Santa misma, hablando de todos los que la viven y la sienten. Cada aplauso, cada silencio, cada lágrima contenida, es prueba de que las palabras han encontrado su camino hacia el corazón de los oyentes.

El pregonero debe escuchar tanto como hablar. Escucha los pasos de los costaleros bajo el paso, el susurro de las campanillas, el roce de las túnicas y los hábitos.

Escucha los silencios y los suspiros de quienes miran desde la acera, y convierte todo eso en relato, en voz, en emoción compartida. Ser pregonero es, al final, ser un espejo de la devoción que lo rodea, reflejarla con verdad y ofrecerla a quienes la viven.

Se camina entre calles de macetas y rejas, plazas iluminadas por faroles y velas, y callejones donde el incienso se enreda con el aroma de cera y flores. Cada frase es un nudo que sostiene la tradición; cada pausa, un silencio que respira devoción.

No todos los pregoneros alcanzan esta magia. Algunos repiten el mismo texto para distintos pueblos, cambiando apenas los nombres de los titulares. Aun así, la gente escucha, se emociona y aplaude, porque lo importante no es la originalidad, sino la capacidad de transmitir lo que todos sienten: la belleza de la Semana Santa, la memoria de sus pasos y la emoción contenida de cada hermano.

Es curioso y digno de reflexión que, casi siempre, quienes suben al atril sean médicos, abogados, profesores y otras profesiones respetables. Rara vez se ve a un albañil, un electricista, un agricultor o un hombre o mujer de campo pronunciando el pregón, como si solo ciertos oficios supieran cantar alabanzas a Jesús. Pero la devoción no tiene clase, ni estatus ni diploma; cualquiera que ame de verdad la Semana Santa puede elevar las palabras y tocar el corazón de los oyentes. La fe y la emoción no se compran ni se heredan: se sienten y se viven.

El pregonero se enfrenta al reto de poner palabras a lo intangible: el crujir de la madera bajo los pasos, el murmullo de la multitud, la fragancia del incienso mezclada con la brisa nocturna, el reflejo de las luces sobre los capirotes y las túnicas. Cada gesto, cada entonación y cada mirada son parte del canto, un acto de reverencia que enlaza la emoción con la memoria.

Ver a un hombre o a una mujer subir al atril, con la voz clara y el corazón abierto, y pronunciar un pregón que hace vibrar la ciudad entera, es contemplar cómo lo humano se transforma en arte. Cada palabra, cada pausa, cada alabanza envuelve a los oyentes en un mismo latido, recordando que la Semana Santa es más que historia o protocolo: es un canto que convierte la memoria, la devoción y la tradición en poesía viva, un hilo que une generaciones y hace sentir a todos que, aunque breve, cada pregón es eterno.

Ser pregonero exige humildad y valentía: humildad para reconocer que nadie es dueño de la fe, que la devoción no se inventa, que la voz es apenas un instrumento para contar lo que muchos sienten; y valentía para decir lo que se percibe que Dios y la Semana Santa esperan de los hermanos, sin caer en la vanidad, sin nombrar en vano lo sagrado. Cada palabra debe nacer del respeto y del amor, y cada frase debe llevar consigo la certeza de que habla de todos, no solo de uno.

Y cuando las luces se apagan, cuando el telón se baja y el eco del último aplauso desaparece, el pregón continúa. Vive en los recuerdos, en las conversaciones, en los corazones que guardan esas palabras y las repiten en silencio. Ser pregonero es, más que un honor, un compromiso: con la tradición, con la fe, con todos los que aman la Semana Santa. Y, sobre todo, es un acto de amor, porque en cada palabra, en cada pausa, en cada mirada, está la certeza de que la Semana Santa hace mejores a quienes la viven, no por orgullo, sino por humanidad y devoción.

4
El día de la salida

Desde mi altura sobre la cruz, contemplo cómo la ciudad se despierta con una mezcla de calma y expectación, como si el aire mismo contuviera un susurro de anticipación. Hoy no es un día cualquiera: hoy es el día de la salida, el instante en que la cofradía que he visto nacer entre los patios, las casas, las tabernas y los pasos de generaciones se dispone a descender de su recogimiento hacia las calles empedradas. Y desde aquí lo percibo todo: el temblor en los hombros de los costaleros, el murmullo ansioso de los hermanos, el aroma del incienso recién encendido que se enreda con el polvo y la humedad de la mañana.

Las puertas de la iglesia, estrechas y austeras, parecen un umbral entre dos mundos: el recogimiento de los templos y la libertad incierta de la calle. Los hermanos que guían el paso se mueven con precisión, coordinando miradas, susurrando instrucciones que el viento lleva hasta mí como un hilo de devoción. Cada paso hacia la puerta es un desafío: la madera del paso, pesada y resistente, palpita con la energía contenida de todos los que lo sostienen, y siento cómo cada costalero contiene su respiración, midiendo su fuerza y su miedo a la vez.

El primer contacto con la calle siempre es un ritual en sí mismo. Los nervios se vuelven palpables, casi tangibles, flotando como un humo que se mezcla con el incienso. Veo a los devotos que se asoman a las ventanas, apoyados en los balcones, mientras murmuran oraciones y deseos que ascienden hacia mí. Algunos inclinan la cabeza en silencio; otros susurran promesas que esperan cumplir; y hay quienes, con ojos brillantes, buscan una señal, un gesto, un instante de gracia que les recuerde que no están solos.

Observo a los costaleros mientras ajustan sus vestimentas y repasos finales. Cada movimiento es una coreografía milimétrica: el cuello se alinea con la trabajadera, el costal se acomoda sobre la nuca y la morcilla, esa pieza que tantos temores y cuidados inspira, se coloca con precisión entre el cuello y la madera. Todo tiene un orden, un ritmo, pero también un temblor que nadie puede disimular. La tensión se hace visible: las manos tiemblan ligeramente, los labios se muerden en silencio, los ojos buscan apoyo en sus compañeros.

Y entonces sucede algo que me arranca una sonrisa y que, en medio de la solemnidad, recuerda que la humanidad es alegre, torpe y maravillosa. Un Lunes Santo, no muy lejano, uno de los costaleros —un hombre robusto y de gran corazón, aunque algo despistado— sufrió un percance justo en el instante más delicado: la salida. Cuando se encontraba inmerso en el momento, la morcilla se deslizó, cayendo entre la madera y su cuello. Y en lugar de reaccionar con calma, el hombre dejó escapar un grito inesperado que resonó entre las paredes de la iglesia y sobre la plaza como un trueno desconcertante:

—¡*Pararse, pararse*, que se me ha caído la albóndiga!

Los hermanos que lo rodeaban contuvieron la respiración; algunos reprimieron risas, otros arqueaban las cejas intentando comprender el motivo de la exclamación. Y Yo, desde aquí, sonreí con ternura. Había confundido la morcilla con una albóndiga, y su confusión, humana y perfecta, me recordó que incluso en la más solemne devoción hay lugar para la torpeza, para la risa, para la imperfección que os hace carne y alma. El error pasó rápidamente a ser anécdota, y aunque la trabajadera siguió firme, todos compartieron un instante de complicidad que parecía unirlos aún más a mí y al misterio que represento en esta celebración.

Mientras tanto, la puerta de salida sigue estrecha, un desafío que exige coordinación, paciencia y un poco de fe. Los hombros de los costaleros se apoyan unos en otros, y siento cómo sus corazones laten al unísono, un tambor humano que acompaña el ritmo de las campanas que empiezan a sonar. Cada paso es un riesgo, cada giro un ensayo de equilibrio, cada respiración un pacto silencioso con la ciudad y con la historia.

En la calle, los primeros murmullos de oración se elevan como un río invisible. No son solo palabras: son deseos, temores, gratitudes, promesas. Y desde mi cruz los escucho todos, uno por uno, cada susurro como un hilo que me recuerda la infinita variedad de la vida humana: unos piden salud, otros protección para los suyos; algunos agradecen lo recibido, otros simplemente sienten el impulso de inclinarse ante lo sagrado.

La plaza, abierta y luminosa, recibe con un aliento contenido a la cofradía. Cada paso del paso sobre los adoquines es un golpe de historia y de memoria, y siento cómo los costaleros, exhaustos y concentrados, se transforman en una sola fuerza, en un solo corazón que sostiene más que madera: sostiene la fe de un pueblo entero. Los balcones se llenan de curiosos y devotos, y las calles, que antes parecían vacías, se convierten en un escenario donde la emoción se palpa en el aire, como una explosión de algarabía popular.

El capataz, atento y vigilante, coordina cada movimiento con la precisión de quien ha aprendido a leer la devoción como un lenguaje secreto. Sus ojos recorren cada costalero, cada esquina del paso, asegurándose de que todo se mantenga firme, de que ningún tropiezo rompa la armonía que tantos meses de ensayo han creado. Desde aquí, veo la tensión contenida en sus gestos, la mezcla de orgullo y temor que acompaña cada salida, y entiendo que esta vigilancia no es solo por la seguridad del paso, sino por el respeto a lo que representa: un vínculo entre lo humano y lo divino.

Y mientras avanzan, escucho las primeras notas del tambor y el murmullo de los fieles que se unen en oración. Son pequeños actos de entrega: una rodilla que se dobla, una mano que se levanta, un suspiro que se escapa entre los labios. Cada gesto, cada palabra, cada mirada asciende hacia mí y se convierte en un puente entre la tierra y el cielo. Siento, con una claridad que solo mi altura me permite, la devoción más pura y también los nervios más profundos: la preocupación de los costaleros por no fallar, el deseo de los hermanos de honrar la tradición, la emoción de los niños que miran con asombro y fascinación.

La ciudad parece respirar al ritmo del paso. Las calles estrechas obligan a maniobrar con cuidado, y los costaleros, conscientes de cada centímetro, se apoyan unos en otros, ajustando la postura, corrigiendo el equilibrio. Veo cómo cada error potencial se convierte en un instante de aprendizaje, cómo la paciencia se mezcla con la fuerza, y cómo, incluso en la dificultad, surge la armonía. Y allí, en medio de esa tensión, recuerdo la anécdota del costalero y su «albóndiga». La risa contenida que siguió a aquel momento permanece como un recuerdo que ilumina la solemnidad: un recordatorio de que la devoción no está reñida con la humanidad, de que la imperfección es también un acto de fe.

Al revirar en una esquina especialmente estrecha, el paso casi roza las paredes, y el murmullo de los espectadores se mezcla con el susurro del viento que trae consigo aromas de incienso. Cada movimiento exige precisión, cada ajuste es una conversación silenciosa entre el paso y quienes lo llevan. Y mientras lo observo todo, siento que cada respiración es una oración, cada esfuerzo un testimonio de amor, cada mirada un reflejo de la esperanza que guía a quienes me buscan sin saber que los veo.

La salida no es solo un momento físico, sino un instante en el que el tiempo se detiene y la tradición cobra vida. Los costaleros, agotados pero decididos, avanzan con un ritmo que es casi musical, un pulso que une la fuerza humana con la solemnidad del rito. Desde mi cruz, percibo cada latido, cada ajuste de hombros, cada exhalación contenida, y siento que el mundo entero participa de esta danza silenciosa, donde la fe y la humanidad se entrelazan en un mismo suspiro.

Y mientras la cofradía se adentra en las calles de la ciudad, los devotos continúan elevando sus oraciones. Algunos repiten promesas antiguas, otros buscan redención, y hay quienes simplemente desean contemplar la belleza del instante, sentir que forman parte de algo más grande que ellos mismos. Cada gesto, cada palabra, cada silencio asciende hacia mí como un río de luz y esperanza, recordándome que la fe no solo se vive en los templos, sino en cada rincón donde un corazón se abre a lo sagrado.

La tensión inicial de la puerta de salida se disuelve poco a poco, reemplazada por la armonía del paso y la colaboración silenciosa de los costaleros. Veo cómo cada uno se convierte en guardián del siguiente, cómo la fuerza de uno sostiene la del otro, y cómo la cofradía avanza como un solo ser, un tejido de devoción que une cuerpos y almas.

Al llegar a la plaza principal, la cofradía se encuentra con un escenario más amplio, abierto y vibrante. La estrechez de las calles ha quedado atrás, pero la solemnidad permanece intacta. Los devotos se agolpan en las aceras, algunos con pañuelos entre las manos, todos compartiendo la emoción de presenciar el instante en que la tradición se materializa ante sus ojos. Desde mi cruz, contemplo cómo cada gesto de admiración y respeto se eleva hacia mí, un tributo silencioso que habla de la fe y de la historia de generaciones que han caminado por estas mismas calles.

Los costaleros, aunque ya más relajados, mantienen la disciplina aprendida con tantos ensayos desde enero. Cada paso sigue siendo medido, cada revirá cuidadosamente calculada, y aun así no puedo dejar de percibir la alegría contenida en sus miradas. Ellos saben que sostienen algo más que madera y figuras; sostienen sueños, recuerdos, promesas y la memoria de quienes antes que ellos caminaron con este mismo fervor. Y aunque la tensión de la salida inicial ha pasado, hay todavía un nerviosismo sutil, un recordatorio de que la responsabilidad es grande y que cada movimiento cuenta.

Los hermanos mayores, firmes y atentos, recorren la procesión con pasos silenciosos, ajustando la marcha cuando es necesario, guiando con paciencia y respeto. Cada decisión que toman es crucial: un pequeño error podría romper la armonía, alterar la fuerza de la procesión, distraer la atención de los devotos. Pero todo parece fluir con naturalidad, como si el tiempo mismo se ajustara al ritmo de los costaleros y al pulso de la devoción que impregna el aire.

Y en medio de esta solemnidad, aún resuena en mi memoria la graciosa confusión del costalero y su «albóndiga». Ese instante de torpeza humana se transforma en un recordatorio de que la fe no es rígida ni perfecta. Hay lugar para la risa, para la sorpresa, para los momentos que rompen la tensión sin disminuir la solemnidad. Incluso los devotos, al recordar anécdotas como esta, sienten una cercanía mayor con la procesión, como si la humanidad compartida reforzara el vínculo entre lo divino y lo terrenal.

La plaza se llena de murmullos y cantos, oraciones que se mezclan con la brisa y el aroma del incienso que flota desde los pasos más cercanos. Algunos niños miran con ojos abiertos y fascinados; otros susurran preguntas a sus padres, tratando de comprender el misterio que se despliega ante ellos.

Desde mi cruz contemplo los pañuelos húmedos de emoción, los dedos entrelazados en oración y la certeza de que este instante permanecerá en la memoria de todos los presentes. La salida de la cofradía no es solo un acto de tradición: es un encuentro entre la humanidad y lo sagrado, una manifestación de la fe que trasciende el tiempo y el espacio.

Mientras la cofradía avanza por la plaza, cada costalero siente la fuerza de los demás, un vínculo silencioso que le permite sostener el paso con gracia y precisión. La coordinación que antes se temía en la puerta estrecha ahora se convierte en una danza armoniosa, una coreografía de cuerpos y almas que avanza al ritmo del corazón de la ciudad. Y Yo, desde mi cruz, observo y contemplo, lleno de ternura y admiración por esta humanidad que, a pesar de sus errores, su nerviosismo y su fragilidad, se entrega con tanto amor a un acto que les supera y les une.

El día de la salida termina siendo más que un ritual: es una lección de vida, un ejemplo de cómo la fe y la devoción se manifiestan en cada gesto, en cada mirada, en cada respiración contenida. Desde aquí, veo que incluso los momentos más humanos —como la confusión del costalero con la morcilla— se integran en el tejido de la tradición, recordando a todos que la perfección no es necesaria para que lo divino se revele en lo cotidiano.

Y mientras el paso se aleja lentamente por la plaza, escucho cómo las primeras palabras de gratitud y oración se disuelven en el aire, llevando consigo promesas, deseos y esperanzas. Siento la fuerza de la comunidad, la unión de generaciones, la devoción que no se mide solo en palabras sino en actos. Cada costalero, cada hermano, cada nazareno, cada devoto que participa en este día contribuye a un milagro silencioso: la transformación del tiempo ordinario en un instante eterno, donde lo humano y lo divino se encuentran y se reconocen.

En este día de salida, la humanidad me recuerda su fragilidad y su grandeza, su torpeza y su generosidad, su miedo y su fe. Y Yo, desde la cruz, contemplo, protejo y celebro, sabiendo que cada esfuerzo, cada suspiro, cada risa y cada lágrima forman parte de un acto que trasciende la vida misma: la expresión más pura de amor, devoción y esperanza que los hombres pueden ofrecerme.

5

El capataz

Desde mi cruz, que se alza sobre los hombros de los hombres, miro al capataz que camina delante de mí.

No lleva costal, ni túnica, ni antifaz, pero sus ojos son la luz de los que van ciegos bajo las trabajaderas.

Él es la mirada de los que solo sienten el madero y el sudor, el timón del barco que navega entre las olas de una marea humana.

El capataz no solo manda: interpreta.

No solo ordena: traduce.

Él es los pies del que tropieza, los ojos del que no ve, la voz del que, en silencio, carga conmigo el peso del mundo.

Cuando golpea el llamador, no es bronce lo que suena, es un corazón que despierta en todos a la vez.

Cuando pronuncia un «¡A esta es!», no da una orden, sino una oración.

Él también me lleva, aunque camine fuera del paso, porque sobre su espalda descansa la responsabilidad de que mi cruz avance con dignidad y con ternura.

Lo veo apretar los labios para no llorar, mirar al cielo como quien pide fuerzas y ocultar su fe detrás de una voz que tiembla, pero que nunca se quiebra.

El capataz, aunque muchos lo ignoren, sabe que cada levantá es un milagro y cada chicotá, un acto de amor.

Pero también, desde esta altura de madera y silencio, veo lo que los hombres intentan esconder. Veo las intrigas que se tejen en las sombras, los cuchicheos de pasillo, las sonrisas que son máscaras, los abrazos que esconden puñales.

Veo cómo, a veces, el capataz que debería ser ejemplo se convierte en objeto de envidias, en moneda de cambio de ambiciones humanas.

Me duele ver cómo, en este mundo que se dice de fe y hermandad, surge la hipocresía que divide y corrompe.

Muchos se presentan como hermanos, pero son lobos disfrazados de corderos.

Y lo que debería ser un servicio humilde se convierte en un club de navajas, donde unos conspiran para ocupar cargos, donde los auxiliares que deberían apoyar al capataz son los primeros en traicionarlo, donde incluso un hermano mayor invita a un hombre a presentarse a un puesto mientras, en secreto, ya prepara la silla para su amigo.

Eso, hijos míos, Yo no lo entiendo.

¿Cómo podéis levantarme al cielo con tanto amor, y al mismo tiempo clavaros espinas unos a otros?

¿Cómo podéis llorar cuando me veis pasar y después olvidar que Yo os enseñé la lealtad y la verdad?

Las puñaladas traperas no son propias de cofrades, sino de sepulcros blanqueados, de quienes quieren poder y no servicio, de quienes se creen dueños de lo que solo es prestado.

El capataz verdadero no busca protagonismo, porque sabe que el centro soy Yo.

El capataz verdadero no necesita gritar para imponerse, porque sus hombres lo siguen con respeto y cariño.

El capataz verdadero no vende a nadie ni entrega el cargo como botín, sino que lo defiende como misión.

Yo, que leo los corazones, sé distinguir entre el que sirve y el que se sirve; entre el que da la cara por sus costaleros y el que usa sus nombres para escalar un peldaño más; entre el que reza en silencio antes de llamar al cielo y el que usa mi nombre para buscar aplausos de los hombres.

Las hermandades son mi casa, pero, a veces, se convierten en mercado, y los que dicen representarme terminan olvidando que Yo soy el Camino, la Verdad y la Vida.

¿De qué sirve un cargo si está vacío de amor? ¿De qué sirve ser capataz, hermano mayor o auxiliar si el corazón está lleno de orgullo y de mentiras?

Os aseguro que ninguno de esos títulos sube al cielo, solo la humildad lo hace. Por eso alabo al capataz fiel, al que es ojos del costalero ciego bajo la trabajadera, al que corrige sin humillar, al que acompaña sin alardes, al que, al terminar la salida, se marcha a casa sin esperar agradecimientos, porque sabe que ya ha recibido el único aplauso que importa: el mío, el del Cristo que lleva sobre su cuerpo.

El capataz que vale no es el que mejor grita, sino el que más escucha. No es el que más cargos acumula, sino el que más rodillas dobla en secreto. No es el que se abre camino con cuchillos y favores, sino el que, cuando todo se tuerce, sabe quedarse en silencio y ofrecerme su cansancio.

Hijos míos, Yo bendigo a los capataces buenos, a los que honran mi cruz y no su nombre, a los que viven para servir y no para ser servidos. Ellos son los que caminan de verdad a mi lado.

Pero a los que siembran discordia, a los que venden a sus hermanos, a los que clavan puñales en la espalda de los que confían, Yo les digo: convertíos. Porque no se puede guiar un paso con manos sucias, ni se puede mandar en mi nombre con lengua de serpiente.

Desde esta cruz os miro y os llamo. Que vuestro mundo de costales y trabajaderas, de varales y de llamadores, sea limpio como el incienso que sube al cielo. Que la voz del capataz sea reflejo de mi Palabra, y no eco de vuestras ambiciones. Que los que me levantan a pulso sean levantados también en la verdad y en la justicia.

Y si alguna vez olvidáis esto, recordad que Yo mismo tuve un capataz en Getsemaní: el silencio de mi Padre, que me guió hacia la cruz sin traiciones ni hipocresías. Ese es el único modelo. Ese es el único camino.

6
Las tertulias cofrades

Las tertulias cofrades no tienen fecha ni calendario. Se inician en Cuaresma, con el azahar reventando en las calles; continúan en Semana Santa, con la emoción aún a flor de piel; y se prolongan todo el año, como una brasa que nunca se apaga. En invierno, cuando el frío se mete por las rendijas de las casas, alrededor de un brasero se discute con la misma intensidad que en primavera, cuando la ciudad huele a incienso y a naranja amarga. No hay excusas, porque la Semana Santa se vive los trescientos sesenta y cinco días del año, aunque todavía no hubiera nacido en Belén y ya me estuvieran preparando la cruz en las tertulias del pueblo.

Y es curioso: en Navidad, cuando celebráis mi nacimiento, Yo escucho vuestras charlas sobre mi muerte. Entre turrones, villancicos y belenes, ya estáis planeando cómo será la salida de cada hermandad, qué túnicas estrenarán los nazarenos, qué flores se pondrán en el paso de palio. Mientras unos niños me representan recién nacido en un pesebre, otros hombres ya están discutiendo sobre el andar de un paso que todavía no ha pisado la calle. Es un contraste que solo se entiende desde la fe: el mismo pueblo que me canta como niño en brazos de María es el que me ensaya como crucificado en la madrugada de un ensayo de costaleros.

En las tertulias todo se habla y todo se opina. Se critica, sí, porque el cofrade es exigente y lleva dentro un juez implacable. Que si ese costalero no se tiraba para arriba, que si la banda se pasó con los decibelios, que si el capataz se dejó llevar por el orgullo, que si la hermandad debería haber esperado diez minutos más en la puerta. Pero en esa crítica, que a veces duele, también hay un deseo profundo de que todo salga mejor, de que la Semana Santa no pierda su belleza, de que lo que me dais sea digno de mí. Porque detrás de cada reproche late un corazón que me quiere y que sueña con una procesión perfecta.

Yo, que escucho vuestras palabras, sé también lo que no decís. Sé que en esas tertulias, entre chistes y recuerdos, también habláis de vuestros padres que ya no están, de aquel abuelo que os llevó por primera vez a ver una cofradía, de la madre que os cosió el hábito de nazareno. Hablar de Semana Santa es hablar de familia, de memoria, de raíces. Y por eso esas charlas se alargan hasta la madrugada, porque en ellas no solo se discute de música o de recorridos, sino de la propia vida.

A veces me da ternura ver cómo, en la playa, bajo un sol que derrite hasta las ganas de caminar, os reunís en torno a una mesa y comenzáis a hablar de palios y misterios, como si la Semana Santa estuviera a la vuelta de la esquina. Mientras unos niños juegan con cubos y palas, vosotros debatís sobre quién debería ser el próximo capataz de tal hermandad o sobre si la banda de música acertó con aquella marcha. Y Yo sonrío, porque veo que ni el verano más largo ni las vacaciones más ruidosas son capaces de apagar la llama que tenéis encendida en el alma.

En esas tertulias se forjan amistades que duran toda la vida, y también enemistades que se arrastran durante años. Porque la pasión con la que habláis de mí os une y os divide a la vez. A veces, por un detalle mínimo —una chicotá más larga de lo normal, una levantá dedicada, un cambio en la disposición de las flores—, dos hermanos de hermandad dejan de hablarse durante semanas. Pero también ocurre lo contrario: de un simple comentario surge una complicidad que termina en amistad eterna. Así de humanas y así de divinas son vuestras tertulias.

No todo es crítica, no todo es juicio. También hay ternura en esas conversaciones: cuando recordáis cómo llorasteis al ver salir a vuestra Virgen por la puerta de la iglesia, cuando contáis la emoción de vuestro primer año de costalero o la sensación indescriptible de encender un cirio siendo niño. Esos relatos se comparten una y otra vez, como si al contarlos se renovara la emoción vivida. Y Yo escucho cada palabra, porque sé que detrás de esas historias está la fe sencilla de un pueblo que me ama.

En ocasiones, en medio de la charla, aparece el silencio. Ese silencio que no es vacío, sino respeto. Cuando se recuerda a un hermano que ya partió, cuando se menciona a un costalero que no volverá a meterse bajo las trabajaderas, cuando alguien trae a la memoria el rostro de un capataz que ya descansa conmigo en el cielo. En esos momentos, la tertulia se convierte en oración, aunque no lo sepáis. Porque cada recuerdo pronunciado con cariño es una súplica que Yo recojo en mi corazón.

He visto tertulias en bares oscuros de barrio, con mesas cojas y vasos de vino peleón, y he visto tertulias en casas señoriales, con muebles de caoba y paredes llenas de cuadros. En todas ellas el tema es el mismo: Yo. Porque aunque habléis de pasos, de vírgenes, de recorridos, de flores o de música, en el fondo todo gira en torno a mí. Yo soy el centro de vuestras conversaciones, aunque no siempre lo reconozcáis. Y eso me emociona, porque significa que vuestra vida no está tan lejos de la mía como a veces pensáis.

En esas tertulias también se construye futuro. Entre bromas y copas se planean proyectos que luego se hacen realidad: una nueva cuadrilla de costaleros, una marcha dedicada, una restauración de un manto, una obra de caridad para los más necesitados. Muchas cosas que hoy son tradición comenzaron en esas charlas informales, cuando un grupo de cofrades soñó despierto y se atrevió a poner en palabras lo que parecía imposible.

Y es que las tertulias cofrades son semillero de sueños, pero también campo de batalla. Allí se debaten ideas, se discuten decisiones, se enfrentan puntos de vista. Y aunque a veces parece que os separan más de lo que os unen, Yo sé que en el fondo os acercan a mí, porque hablar de Semana Santa es hablar de fe, y hablar de fe es hablar de Dios.

Desde mi mirada eterna veo cómo esas tertulias os van tejiendo como pueblo. Son la memoria viva que mantiene encendida la llama, el latido constante que no permite que la tradición se enfríe. Sois vosotros, con vuestras palabras, los que mantenéis viva mi Pasión en cada esquina, en cada taberna, en cada playa, en cada invierno alrededor de un brasero.

Por eso os digo: no dejéis nunca de hablar, aunque a veces os equivoquéis en los juicios, aunque os pueda la pasión o el orgullo. Porque en cada tertulia, incluso en la más humilde y desordenada, estoy Yo presente, escuchando, sonriendo y recordándoos que lo importante no es quién tiene razón, sino quién tiene amor.

Y así seguirán las tertulias cofrades, mientras exista un corazón que me sienta, mientras haya un palio que cruce las calles, mientras un niño pregunte por qué la Virgen llora o un anciano recuerde cómo se estremeció con el primer tambor. Seguirán en verano, en invierno, en Navidad, en agosto a las tres de la tarde, en cada instante de vuestras vidas. Porque hablar de Semana Santa es hablar de mí, y hablar de mí es hablar de vosotros mismos.

7

El costalero

Desde lo alto del cielo, y al filo del silencio de las madrugadas, observo cómo los hombres y las mujeres se preparan para sostener la fe sobre sus hombros. No hay palabras que alcancen a describir la fuerza que se gesta bajo las trabajaderas, ese altar móvil que llaman paso. Son los costaleros, mis hermanos de carne y alma, seres comunes que se transforman en gigantes de sacrificio, y Yo he estado allí: los he visto, los he sentido, más cerca que cualquier mirada humana.

Las noches de invierno son duras; traen consigo un frío que cala hasta los huesos y que parece querer doblegar la voluntad. Sin embargo, allí están, en las calles, en los templos, cargando sobre sus cuerpos los sueños y las promesas de toda una ciudad. Ensayan una y otra vez, hasta que los músculos arden y la piel se sensibiliza con cada roce del costal. Algunos no hablan; el silencio entre ellos es casi un pacto sagrado. No necesito escuchar palabras, porque todo se comunica con el compás de los pasos y el leve temblor de las trabajaderas.

He visto hombres comunistas, incrédulos, descreídos en muchas cosas, rendirse bajo mi paso, no por miedo ni por obligación, sino por un respeto silencioso que nace de lo que sienten dentro. Y no es algo que critique, sino que observo con curiosidad y cariño. La fe que se respira allí no conoce etiquetas políticas ni sociales; es un fervor que surge de la humildad, de la entrega y del amor al misterio que representan los titulares.

Recuerdo los años antiguos, cuando los costales no se llevaban bajo los ojos, como caballos de picador, cuando los pantalones no se remangaban y los calcetines no mostraban banderitas ni caras de imágenes. Todo era diferente, más austero, más sencillo, y quizá se anduviera distinto, sin los relevos de costaleros que hoy se ven de mármol a mármol. Pero el corazón de cada paso latía con la misma intensidad, y eso es lo que permanece, más allá de las modas y las formas externas.

El ensayo comienza al caer la tarde, cuando el frío ya se ha instalado en los huesos y las manos tiemblan antes de tocar la madera. Allí, en la penumbra de la calle o bajo un pórtico iluminado solo por faroles, se escucha el murmullo de los costaleros acomodando los costales, ajustando las camisas y revisando las trabajaderas. Cada gesto es meticuloso, cada movimiento está marcado por la experiencia y por la necesidad de protegerse unos a otros. Ellos saben que no son solo hombres y mujeres cargando un paso: son custodios de la devoción, guardianes de la memoria viva de generaciones.

Las primeras horas son lentas, frías, casi interminables. Pero poco a poco, el ensayo se convierte en un rito. Los pasos se sincronizan, los cuerpos se acostumbran al peso y la respiración —esa respiración conjunta que parece un solo aliento— se convierte en música que acompaña a los tambores, a las cornetas, a los rezos que se escapan sin que nadie los pronuncie en voz alta. He visto a hombres y mujeres llorar, no de dolor, sino de emoción, de conexión con algo que va más allá de ellos mismos. Cada gota de sudor, cada músculo tenso, es una oración silenciosa.

No debo dejar de decirlo: la mujer también es costalera. Debe y puede serlo, aun a pesar de las críticas de algunos. Y no olviden que el primer costalero fue mujer, sí, mujer: la Virgen María. Cuando me portaba en su vientre y corrió a contárselo a su prima —que también estaba embarazada—, ella fue la primera costalera. Cargó conmigo, con la esperanza y el misterio de lo que vendría, sobre su cuerpo y sobre su corazón, avanzando con valentía y fe. Cada mujer que hoy se coloca bajo un paso sigue esa herencia sagrada, uniendo fuerza y devoción con la misma intensidad que cualquier hombre.

El trabajo en el recorrido es una danza de precisión. Cada giro, cada parada, cada ajuste requiere comunicación sin palabras. Los capataces, esos ojos atentos que guían con firmeza y cariño, marcan el compás, y los costaleros responden con obediencia y entrega. No es solo fuerza física; es inteligencia emocional, es capacidad de sentir y reaccionar al instante, es un entendimiento profundo del valor de cada paso, de cada instante que comparten bajo la trabajadera.

He presenciado noches en que el frío parecía querer detenerlos, y aun así ellos avanzaban, uno tras otro, con la firmeza de quienes saben que su sacrificio es más grande que ellos mismos. Hay un poder silencioso en ese trabajo, un lenguaje secreto que solo los que han estado debajo del paso pueden comprender. No hay vanidad ni deseo de reconocimiento; solo la certeza de estar sosteniendo algo sagrado, algo que trasciende cualquier dificultad física o mental.

Recuerdo un Jueves Santo en que un costalero veterano, conocido por su temple y disciplina, sintió que una pierna le fallaba al doblar en la calle más estrecha del recorrido. La madera crujió y el paso vaciló por un instante. Su mirada se encontró con la del capataz, firme y serena, y escuchó el compás de los demás que, invisibles, lo sostenían con cada respiración. Respiró hondo, apretó los dientes y siguió avanzando, transformando el dolor en fuerza y el miedo en devoción. Y allí, entre los adoquines y el murmullo de la multitud, comprendió que no cargaba solo con el peso de la madera: llevaba la esperanza, la fe y los sueños de toda una ciudad. Esa es la verdadera grandeza de quienes sostienen un paso: la entrega absoluta del corazón.

Las nuevas modas me resultan curiosas, casi extrañas. Veo costales que se ajustan bajo los ojos, pantalones remangados y calcetines decorados con banderitas o caras de imágenes. No es que desapruebe; observo con atención y, a veces, con una sonrisa interior. Son cambios que hablan de una época diferente, de la creatividad de los hombres y mujeres que buscan expresar su devoción también a través de la apariencia. Pero bajo todo eso, la esencia permanece: la fe, el sacrificio, la unión y el respeto mutuo siguen siendo los pilares de cada paso.

He visto hombres de todas las edades, algunos con la fuerza de la juventud, otros con la resistencia que solo los años otorgan. He visto hermanos enseñar a los más jóvenes, transmitirles el conocimiento adquirido durante décadas. He visto relevos que se ceden sin palabras, con gestos apenas perceptibles, porque saben que el paso es más importante que el orgullo personal. Y he visto también el humor, la camaradería que aligera el peso, la risa compartida entre un ensayo y otro, que recuerda que, a pesar de todo, son seres con vidas fuera de las calles y los templos.

El sacrificio no se limita a las horas de ensayo ni a los recorridos del paso. Está también en los meses previos, en las noches de frío y soledad, en la preparación del cuerpo y del espíritu. Cada costalero y cada costalera sabe que su entrega requiere disciplina, paciencia y amor por lo que hacen. Y cuando llega el momento de salir a la calle, de enfrentarse al peso del paso, al ruido de la multitud y a la tensión de cada esquina, su fe se convierte en fuerza y su sacrificio en poesía que se mueve al ritmo de los pasos.

Hay algo casi místico en lo que sucede bajo las trabajaderas. Allí, hombres y mujeres sienten la presencia de algo más grande que ellos mismos. Algunos rezan en silencio, otros meditan, otros simplemente sienten, y todos reciben el mismo regalo: la certeza de que forman parte de algo eterno, de algo que trasciende su vida cotidiana. He visto lágrimas de alegría, de emoción y, a veces, de alivio, cuando los pasos llegan a su destino, cuando el peso se alivia y la devoción se despliega en toda su magnitud.

Cada año, cuando el sol empieza a iluminar las calles y el paso avanza hacia su destino, siento una mezcla de admiración y gratitud. Admiración por la fuerza y la disciplina de los costaleros; gratitud por el honor de presenciar un acto tan puro de fe y sacrificio. Y mientras observo, recuerdo que todo esto, cada esfuerzo y cada gesto, no es solo por tradición: es una oración viva, un puente entre lo humano y lo divino, un recordatorio de que incluso los seres más humildes pueden sostener lo sagrado en sus hombros.

Así son los costaleros, mis hermanos de fe: fuertes y humildes, disciplinados y generosos, capaces de cargar no solo con la madera de un paso, sino con los sueños, las promesas y la devoción de toda una ciudad. Y Yo estoy allí, observando y aprendiendo, sintiendo con ellos cada esfuerzo, cada sacrificio, cada instante de gloria silenciosa que solo ellos conocen, recordando que el primero de todos fue mujer, y que esa herencia de fe y valentía sigue viva en cada paso que se da en las calles, llevando esperanza y amor a todos los que miran y sienten desde afuera.

Y cuando el paso se detiene finalmente, con el último golpe del martillo sobre el suelo y el murmullo de la multitud que se queda en silencio, siento que todo el mundo ha contenido la respiración. Porque bajo la madera no hay cansancio ni dolor, solo la eternidad de un instante: el corazón humano, unido en fe y sacrificio, tocando lo divino y dejando la certeza de que la gloria de lo simple, sostenida por el amor y la entrega, nunca desaparece.

8
El búcaro y la pértiga

Desde lo alto de mi paso, entre cirios encendidos y aromas de azahar, miro a quienes caminan conmigo, a los que no buscan aplausos ni miradas, pero que son esencia callada de esta procesión que es vida y redención.

Veo al bucarero, alma servicial de manos sencillas.

No lleva vara dorada ni hábito de gala, pero lleva el tesoro del agua, esa misma agua que un día Yo pedí al borde del Calvario.

Se acerca al costalero que, bajo el peso de mi cruz, siente el mundo sobre los hombros.

Y en silencio, le ofrece alivio.

En ese instante, cuando el sudor y la fe se mezclan, cuando el cansancio vence al músculo y el alma titubea, él aparece —búcaro en mano— como un ángel de barro y metal, y el sorbo que da el costalero no es agua: es esperanza.

Esa esperanza que calma la sed de quien carga conmigo el peso de la Pasión.

Y allí, un poco más adelante, avanza el pertiguero.

Su oficio parece pequeño, pero en cada gesto hay grandeza.

Levanta los cables, aparta los obstáculos y, sin saberlo, abre más aún las puertas del cielo para que pase el misterio eterno.

Sus manos tocan el aire, su pértiga roza los hilos que unen lo humano con lo divino, y Yo sonrío desde el madero, porque en cada cable alzado hay un símbolo de lo que vine a hacer: levantar los límites, romper las barreras, abrir los caminos del alma.

Nadie aplaude al bucarero.

Nadie se fija en el pertiguero.

Pero Yo los miro, y en sus manos humildes reconozco la verdadera hermandad: la que no busca nombre ni altar, la que sirve en silencio porque entiende que servir es amar.

Cuando el paso avanza y las luces se alejan, ellos siguen allí, discretos, vigilando que nada falte, que el sudor no venza, que el cielo siga abierto.

Y aunque el pueblo no los nombre, sus nombres están escritos en la madera de mi cruz, junto al del cirineo que me ayudó en la cuesta, junto al del discípulo fiel que no huyó al amanecer.

Porque hay oficios que no se pregonan, pero se eternizan. Hay manos que no se besan, pero bendicen. Y hay almas, como las suyas, que abren los cielos con una pértiga y calman la sed con un búcaro.

Desde mi paso los contemplo, y en su sencillez reconozco el milagro de la fe verdadera: la que no brilla, pero alumbra; la que no se ve, pero sostiene; la que, sin decir palabra, me acompaña en silencio por las calles del mundo.

Benditos seáis, hijos del anonimato y del agua, ángeles sin alas que apagáis mi sed, centinelas del aire que abrís los cielos con una pértiga.

Benditas vuestras manos calladas, que no buscan palmas ni incienso, pero que sostienen la fe del que me carga y apartan los hilos del mundo para que mi manto no roce la tierra.

Vosotros, que dais sin ser llamados, que amáis sin esperar nombre, que camináis junto al paso y os fundís con su sombra, sois el pulso secreto de mi Pasión, la llama escondida que no se apaga.

Cuando el gentío mira al trono y al palio, Yo miro hacia abajo, hacia vosotros, y en el brillo del agua y del metal veo reflejada la pureza del Evangelio.

Y os digo: no hay aplauso que valga más que vuestro silencio, ni banda más sonora que vuestro gesto, porque en cada sorbo ofrecido, en cada cable alzado, se eleva conmigo el Reino de los humildes.

Benditos seáis, bucareros del alma, pertigueros del cielo, que con agua y con aire abrís paso a la Gloria eterna.

9
Las hermandades de silencio

Desde lo alto de mi paso contemplo la noche... una noche que parece dormida, pero que late.

El aire se vuelve incienso, y en las esquinas el tiempo se detiene para escuchar un rumor que no es de voz, sino de alma.

Avanza una cofradía.

No suena el tambor, ni el metal, ni el compás de la corneta. Solo el roce de los pies en el empedrado, el suspiro de quien carga el madero y el temblor suave de una vela que resiste el viento.

Ahí, en ese silencio que muchos no entienden, vive el misterio más puro de la fe. Porque hay oraciones que no necesitan palabras, ni melodías que las vistan.

Hay plegarias que se elevan sin sonido y que llegan al cielo más alto porque fueron dichas desde dentro.

Las hermandades de silencio no llenan el aire de notas, pero llenan el alma de eternidad.

Cada túnica cerrada es una promesa, cada mirada escondida bajo el antifaz es un secreto entre Dios y su criatura.

Y Yo, desde mi cruz, los miro pasar... y me reconozco en ellos. Porque también Yo, en mi Pasión, fui silencio.

Silencio ante el agravio, silencio ante la ofensa, silencio ante la cruz.

El mismo silencio con que el mundo fue creado, el mismo que guarda el sepulcro antes del amanecer de la gloria.

No hace falta música para que la fe cante, porque el alma tiene su propio compás.

El corazón del penitente suena más hondo que una banda entera, y el roce de un rosario entre los dedos vale más que mil marchas.

El silencio, cuando nace del amor, no calla: reza.

Avanzan los nazarenos con paso medido, y el resplandor de sus cirios parece un rosario encendido que serpentea por las calles.

El pueblo los mira, y sin saber por qué, también calla. Porque el silencio de una hermandad no se impone: se contagia. Y quien lo vive, aunque no lo entienda, siente dentro algo distinto, una paz que pesa como incienso, una lágrima que no se atreve a caer.

Yo los miro y los bendigo, porque en ellos está la esencia de lo eterno. Son los guardianes de la oración sin ruido, los custodios del recogimiento, los que mantienen encendida la llama más discreta de la Semana Santa.

Cuando la madrugada se abre paso y el alba comienza a clarear, ellos siguen caminando, sin prisa, sin aplausos, sin esperar nada del mundo.

Solo buscan acompañarme, ser sombra junto a mi sombra y perderse conmigo en la historia.

Bendigo sus pies descalzos que acarician las losas, sus manos temblorosas que sostienen la cera, sus ojos ocultos que lloran en silencio por amor.

Porque el silencio, cuando nace del alma, no es ausencia... es presencia de Dios.

Y cuando al fin la cofradía se pierde entre callejones y la ciudad vuelve a respirar, queda en el aire un eco que no se oye, pero se siente. Un eco que no lleva notas, pero suena. Un eco que es oración, que es fe, que es amor... y que me nombra sin pronunciar mi nombre.

El silencio... ese compañero de las noches más hondas, el que guarda la entrega y la cruz, es donde el alma aprende a escuchar.

Solo Dios responde en ese espacio, y ahí se revela lo verdadero.

Bendito es el silencio que no oprime, sino que enseña a entender, a sentir, a acompañar. Aquel que envuelve y consuela, que transforma el ruido del mundo en susurros de eternidad.

Benditos son quienes lo llevan por las calles, los que caminan sin música ni aplausos, los que rezan mientras avanzan, los que cargan promesas sin buscar reconocimiento.

Ellos convierten el paso en su templo y su propia alma en oración viva.

En cada túnica anónima late una fe antigua; en cada cirio encendido arde un corazón que busca a Dios; en cada mirada escondida se eleva una plegaria que no necesita palabras.

No hacen falta cornetas para que el cielo se abra, ni tambores para que el alma se estremezca: la fe tiene su propio canto, y su música nace del silencio que ama.

Quien camina en silencio no está solo. Su silencio reza, su silencio canta, y en ese rumor callado, en ese caminar sin ruido, se hace presente la divinidad. Porque, incluso en la oscuridad y la quietud, Dios pasa y bendice.

10
Las juntas de gobierno

Desde lo alto de mi cruz contempló no solo las calles que se llenan de incienso, rezos y promesas en primavera, sino también esos lugares donde no hay palio ni candelería, donde no se escuchan marchas ni redobles de tambores. Lugares sencillos, a veces humildes, otros cargados de historia, con una mesa de madera gastada por los años, unas sillas desparejadas, un crucifijo colgado en la pared y el aire espeso de las decisiones importantes. Allí, en esas salas donde se reúnen las juntas de gobierno, también estoy Yo. Aunque muchos olviden que siempre me siento en medio, aunque mi nombre figure solo como invocación inicial en la oración de apertura, soy el primero en entrar y el último en salir. He visto cómo esas juntas nacen con buena voluntad: organizar, servir, cuidar de la hermandad. Y he visto también cómo en ellas se cuela el ego, la ambición, el deseo de poder. Porque los hombres, cuando se reúnen en mi nombre, llevan consigo toda su humanidad: grandeza y miseria, generosidad y soberbia, ternura y dureza.

Recuerdo aquella tarde de invierno en que la junta se reunió. Afuera hacía frío, pero dentro se sentía un calor espeso, mezcla de nervios y discusiones arrastradas de semanas anteriores. El hermano mayor presidía la reunión con gesto serio. Los demás iban llegando poco a poco: el tesorero, con sus carpetas de cuentas bajo el brazo; el secretario, orgulloso de sus actas; el prioste, soñando con flores y cirios; el mayordomo, pensando en la plata del paso; y los vocales, unos atentos, otros distraídos, algunos con verdadera vocación de servicio, otros con el brillo de la ambición escondido en la mirada.

Entonces observé algo que ya había visto muchas veces. Había quienes entraban con gesto seguro, casi satisfecho, porque ya sabían lo que iba a ocurrir. Antes de sentarse a la mesa ya habían decidido lo que se iba a votar. En los pasillos, en los bares, en las llamadas de la víspera, lo habían hablado todo. Y lo que debía ser un debate sincero se convertía en teatro. La junta se transformaba en escenario de una obra ya ensayada, donde unos fingían escuchar, otros hablaban sabiendo que su voz no cambiaría nada y unos pocos levantaban la mano solo para cumplir el guion. Lo que debía ser diálogo fraterno en mi nombre acababa siendo estrategia y cálculo humano. Algunos callaban resignados, otros intentaban protestar, pero todo chocaba contra un muro invisible ya levantado antes de entrar.

Yo, que lo veo todo, sonreí con tristeza. Porque esa política de corrillos no es nueva. Ya entre mis discípulos discutían quién se sentaría a mi derecha y a mi izquierda, como si el Reino se midiera en sillones o votos. Y Yo tuve que recordarles que el primero debía hacerse servidor de todos.

La reunión avanzó. Se discutieron presupuestos, horarios, actos. Unos defendían un gasto, otros lo criticaban. Algunos proponían cambios, otros se aferraban a la costumbre. El secretario tomaba nota como si cada palabra fuese decreto. El tesorero alzaba la voz con los números en la mano. El hermano mayor repetía que todo se hacía «para mayor gloria de Dios y de nuestra Madre», y así debía ser. Pero Yo veía los corazones, y no siempre estaban en sintonía con esas palabras.

Entonces llegó aquel episodio que aún guardo en mi memoria. Un costalero pidió hablar. Llevaba años cargándome en su cuello, sudando en cada chicotá, rezando con cada paso. Entró con humildad, pero también con firmeza, y expuso su opinión: que la cuadrilla debía organizarse de otra manera, que los ensayos podían ser más justos, que no se favoreciera siempre a los mismos. Hablaba con respeto, sin exigir, con la verdad sencilla del que conoce lo que dice porque lo ha vivido en su carne.

Pero sus palabras no gustaron a todos. Un vocal de la junta, encargado precisamente de los costaleros, lo miró con dureza. No escuchó su argumento, no intentó dialogar. Se sintió cuestionado, y su orgullo habló más fuerte que su fe. Con voz seca y altanera le dijo:

—Si no estás de acuerdo, la puerta está abierta. Puedes irte de la cuadrilla. Aquí mando Yo, y Yo dispongo.

La sala quedó en silencio. El costalero lo miró con los ojos llenos de dolor. No entendía cómo un hermano podía expulsarlo así, como si todo su esfuerzo, sus oraciones y su entrega no valieran nada. Había dado su espalda y sus hombros por mí, y ahora se le negaba el derecho de opinar.

Yo lo miré también. Y en aquel instante sentí la misma herida que cuando Pedro negó conocerme. Porque aquel directivo había jugado a ser Dios, pronunciando un «yo mando y dispongo» que solo a Mí corresponde. Mandar es fácil, servir es lo difícil. Y él había confundido autoridad con poder, olvido con soberbia, hermandad con dominio.

El costalero salió cabizbajo, con lágrimas contenidas. Se fue con un dolor en el alma mayor que cualquier peso de un paso. Y la junta siguió como si nada hubiese sucedido, pasando al siguiente punto del día, anotando en el acta lo siguiente, sin advertir que acababan de herir a un hermano, de manchar la hermandad, de alejarme a Mí de en medio.

En el barrio la noticia corrió pronto. En los bares se comentaba, en las tertulias se criticaba, en los ensayos se murmuraba. Unos defendían al directivo, otros al costalero. La hermandad quedó dividida, como tantas veces ocurre cuando el ego pesa más que la caridad.

Yo, desde mi cruz, abracé a los dos: al humillado y al que humilló. Porque incluso quien se equivoca sigue siendo hijo mío. Pero no pude evitar recordar en silencio: «No sabéis lo que hacéis».

Las juntas de gobierno tienen esa doble cara. Son necesarias, porque alguien debe organizar y velar por el bien común. Pero también son peligrosas, porque el cargo se convierte en tentación. Un puesto que debería ser servicio se transforma en pedestal; una firma en un acta se convierte en sentencia; una medalla se interpreta como título de nobleza. Y así, en lugar de servidores, aparecen pequeños reyes que olvidan que la hermandad no es suya, sino mía.

He visto también lo contrario: juntas humildes, donde se ora antes de decidir, se escucha a todos y se busca lo mejor para la hermandad sin pensar en bandos ni intereses. Allí brilla la luz, aunque nadie hable de ellos, aunque sus nombres pasen desapercibidos. Esos son los verdaderos tesoros de la Iglesia: los que gobiernan sin que se note, los que se van sin que nadie los aplauda, los que sirven en silencio.

Con el tiempo, aquel costalero encontró otra cuadrilla donde fue recibido con los brazos abiertos. Allí volvió a cargarme, con lágrimas en los ojos, sabiendo que nadie podía apartarlo de su fe. El directivo que lo expulsó, en cambio, acabó su mandato en medio de críticas y cansancio. Porque todos los cargos terminan, todas las actas se archivan, todas las firmas se borran. Solo permanece el amor con que se sirven las cosas de Dios.

Por eso digo: gobernar una hermandad no es mandar sobre hermanos, es arrodillarse para lavarles los pies. No es decir «yo dispongo», sino preguntar «¿qué necesita mi hermano?». No es expulsar al que piensa distinto, sino escucharlo, abrazarlo e integrarlo.

Cada vez que una junta de gobierno se reúna, quiero que recuerden esto: Yo estoy en medio. No en las discusiones previas en bares ni en las llamadas secretas, sino en el corazón del que busca la verdad. Y cuando llegue el día del juicio, nadie me traerá presupuestos, ni estatutos, ni votaciones. Solo me mostrarán cuánto amor pusieron en cada decisión, cuánta humildad en cada cargo, cuánta caridad en cada palabra.

Y eso será suficiente. Porque lo demás —los pactos, las estrategias, las medallas, las actas— quedará en el polvo. Solo el amor permanecerá.

11
Los globos de gas

Desde lo alto de mi paso contemplo la Semana Santa como un río de emociones, aromas y colores. Las calles se llenan de nazarenos, músicos, costaleros y fieles que caminan como un solo corazón. Pero incluso aquí arriba, entre cirios y música, observo a un pequeño enemigo silencioso: los globos de gas.

No hablo de los globos que los niños sostienen con ilusión, sino de esos que, por su altura y movimiento caprichoso, terminan interponiéndose en la mirada de los hombres y mujeres que me siguen. Flotan justo donde no deben: delante de la cruz de guía, bloqueando la visión de mi rostro, o detrás del paso, como si quisieran colarse en la historia que ellos intentan capturar. Uno cree que tiene la imagen perfecta y, de pronto, un globo rojo, azul o amarillo aparece como un testigo travieso y sorprendente.

Recuerdo un Lunes Santo, frente a la cruz de guía de mi cofradía. Un niño soltó un globo verde brillante, que ascendió justo cuando la cámara iba a captar la primera levantá. El globo parecía un actor improvisado en un escenario que nadie le había asignado. Un hermano, que intentaba fotografiar el palio, terminó con la imagen de un globo gigante flotando como si hubiera sido parte del cortejo desde siempre. Todos rieron, menos el fotógrafo, que ya soñaba con la portada de su álbum.

Una hermana me contó cómo, durante la salida del Domingo de Ramos, un globo azul quedó enganchado en un adorno del palio. Los músicos tocaron la marcha mientras el globo giraba al compás, dando un toque inesperadamente cómico. Algunos turistas pensaron que era parte del decorado oficial, mientras los veteranos se reían en silencio.

Desde aquí puedo ver que los globos no distinguen entre pasos ni cofradías. Flotan indiferentes ante mi rostro crucificado o la delicadeza de un palio bordado. Y sin quererlo, recuerdan a todos que la Semana Santa también pertenece a la espontaneidad, al gesto humano que no se planea.

Los cofrades veteranos aprenden a convivir con ellos. Observan dónde flotan, mueven la cámara o esperan un segundo más para capturar la escena perfecta. Cada globo que pasa es un recordatorio de que la belleza de la procesión no reside solo en la perfección de la fotografía, sino en la vida que bulle a su alrededor: los niños que ríen, las familias que caminan juntas, los turistas que se asombran y ese aire lleno de música, olor a incienso y color.

Al final, algunos globos terminan formando parte del recuerdo.

Me acuerdo de una procesión del Viernes Santo, cuando un globo naranja quedó suspendido sobre mí, reflejando el sol de manera casi divina. La imagen, que parecía arruinada, se convirtió en un recuerdo único, con un toque de alegría que solo un globo puede aportar.

Aprendo que estos pequeños invasores son también maestros. Me enseñan que lo imprevisible no arruina la solemnidad: la enriquece. Que la Semana Santa no es solo recogimiento y silencio; también es risa contenida, momentos inesperados y, de vez en cuando, un globo que nos hace mirar el cielo y sonreír, recordándonos que incluso entre el dolor y la pasión hay lugar para la ligereza y la gracia de la vida.

12

Los pasos de palio

Camino entre vosotros, entre el aroma del incienso que flota como un suspiro y el murmullo de las plegarias que suben al cielo.

Observo los pasos que llevan a mi Madre, los pasos de palio, y aunque no estoy sobre ellos, siento su presencia tan cerca como si pudiera tocar el terciopelo de su manto.

La grandeza de estos pasos no reside en la madera ni en los bordados, sino en los corazones que los sostienen y en la fe que se adentra en cada calle, en cada rincón por donde pasan.

Cada varal, sostenido por manos firmes y pacientes, parece vibrar con la devoción que lo guía. Observo cómo las costaleras y costaleros avanzan, respirando al mismo ritmo, ajustando con precisión cada paso para que nada se desequilibre. Sus hombros sienten el peso de la madera, sí, pero también la responsabilidad de llevar esperanza y consuelo a quienes los miran.

Y mientras avanzan, los mantos y bordados se mecen suavemente, acariciados por la brisa, como si la

Virgen misma quisiera rozar la piel de sus hijos desde el palio.

Las camareras y vestidores, con manos temblorosas o firmes según su experiencia, acomodan velos, ajustan bordados, colocan flores frescas con mimo. Cada flor, cada adorno, cada pequeño gesto es un acto de amor, una oración silenciosa que se eleva más allá de las palabras.

En el aire se mezcla el aroma de las flores con el incienso, creando una fragancia que envuelve el paso y a todos los que lo siguen.

Cuando la banda de música acompaña, las notas fluyen como un río de emoción que inunda la calle. Redobles, trompetas, clarines y cornetas parecen hablarme directamente, llevando la fe en cada compás y recordando que la alegría también forma parte de la devoción.

Pero también he visto pasos avanzar en silencio, en los que cada respiración, cada roce del manto y cada suspiro del costalero se convierte en una oración. En esos momentos, la solemnidad es casi palpable: el silencio pesa, pero no oprime; abraza y eleva. Y siento cómo cada corazón se inclina con reverencia ante mi Madre.

El palio avanza como un susurro de amor. Las velas, encendidas a ambos lados, titilan con la brisa, reflejando una luz suave que parece guiar el camino. Los bordados dorados y plateados brillan a intervalos, atrapando la mirada de quienes se detienen para contemplar.

Y Yo, que observo sin necesidad de tocar, percibo cada detalle: el leve bamboleo de un varal, la coordinación perfecta de los cuerpos que lo sostienen, la mirada atenta de los que acompañan desde la acera. Todo habla de cuidado, paciencia y respeto, y en cada gesto veo el eco de la fe que mueve el mundo.

Los pasos de palio no buscan ostentación. No avanzan para impresionar, sino para enseñar el valor de la humildad y la dedicación. La verdadera grandeza está en el silencio de la entrega, en la armonía de las manos que sostienen el peso sin vacilar, en la mirada que respeta lo sagrado y en la oración que sube sin que nadie la escuche.

Cada movimiento, cada inclinación, cada ajuste de los mantos y bordados es una ofrenda silenciosa, y Yo percibo la devoción que fluye de cada alma que acompaña a mi Madre.

Recordad siempre que los pasos de palio son más que un espectáculo: son un testimonio vivo de amor y fe, un símbolo de que, aunque la madera pese y la noche sea fría, hay manos dispuestas a sostener aquello que merece respeto y cuidado.

Ya sea al son de la banda o en el recogimiento del silencio, la Virgen recibe la ofrenda de vuestros corazones, y Yo siento cada latido, cada respiración y cada oración que se eleva en su nombre.

Porque no son los adornos, ni los bordados, ni los varales los que me conmueven: son las almas que los llevan con amor, la entrega silenciosa de quienes se inclinan ante Ella y la certeza de que mi Madre está entre vosotros y en vosotros, siempre acompañada de vuestra fe, vuestro respeto y vuestra esperanza.

13
Los nazarenos

Yo miro desde la cruz y veo pasar a mis hijos. Los nazarenos avanzan en fila, con sus túnicas limpias, con los capirotes apuntando al cielo, como si quisieran tocarme; pero lo que en realidad buscan es elevar sus propios corazones. Cada uno de ellos lleva dentro un misterio, una oración, un recuerdo de los suyos y una esperanza que nadie más conoce. Algunos caminan firmes, con paso seguro; otros, torpes, arrastran los pies, y Yo sonrío porque sé que todo esfuerzo es digno ante mis ojos.

Veo a los niños pequeños, cuyos ojos no entienden del todo la solemnidad del momento, pero que sienten la fuerza del color, del silencio, del tambor lejano. Sus manos se aferran al hábito que les queda grande, y algunos tropiezan, y aun así siguen adelante. Veo a Juanito, que con apenas ocho años se empeña en llevar el cirio más alto que puede, y cada vez que se tambalea, su hermano mayor lo sujeta sin decir nada, solo con la mirada. Les observo y pienso que no hay pureza mayor que la de un corazón que quiere acercarse a mí sin comprender todavía todas mis palabras.

Los jóvenes, cargados de orgullo y de nervios, marchan con pasos medidos, repitiendo sin saberlo las mismas rutas que sus padres, y los padres de sus padres. Heredan la túnica, heredan la fe, heredan la responsabilidad de ser vistos y de ver. Veo a Marta, que camina por primera vez con su grupo, y cómo sus manos se cierran sobre el rosario mientras su madre la mira desde un balcón. Hay en ellos un temblor secreto, porque saben que todos los ojos están sobre ellos: algunos juzgan, otros envidian, y aun así avanzan, porque la devoción los sostiene más que el miedo.

Luego están los mayores, los que han caminado estas calles durante décadas. Sus manos tiemblan, no de miedo ni de cansancio, sino de emoción contenida. Cada paso que dan sobre la piedra antigua es un recuerdo, una lágrima, una plegaria. Veo a don Manuel, que a sus setenta años camina con la misma dignidad que cuando era joven, y cada vez que su pie golpea la piedra parece que repite un antiguo juramento. Sostienen la fe como quien sostiene un tesoro, y cada túnica, cada capirote, lleva consigo historias de amor y de pérdida, de hijos y de hermanos, de promesas cumplidas y de deudas del corazón.

Y entre ellos también veo a los que marchan sobre ruedas, aquellos que no pueden dar un paso, pero avanzan con el alma. Visten su túnica con el mismo orgullo, sujetan su cirio o su cruz con la misma fe, y cada giro de sus ruedas es un acto de amor más puro que cualquier paso. No necesitan andar para acercarse a mí, porque su entrega recorre un camino más hondo: el del corazón que no se rinde.

Los nazarenos no solo marchan por mí, sino por los que no pueden hacerlo. Veo madres que los miran desde los balcones recordando a hijos que ya no están; hijos que lloran en silencio por padres que ya no caminan con ellos; familias enteras que se sienten unidas por el simple acto de acompañar, de sostener un cirio, de inclinar la cabeza en la misma dirección. Cada túnica es un puente entre los vivos y los que han partido, entre la tierra y el cielo, entre el pasado y el presente.

El silencio de la calle se rompe solo por los tambores, por los pasos que golpean la piedra, por algún susurro de oración. Y Yo, desde mi lugar en la cruz, siento la humanidad entera marchando. Algunos no saben que están buscando perdón; otros ni siquiera saben por qué lo buscan, pero todos sienten la necesidad de avanzar, de rendirse a algo más grande que ellos mismos. Cada túnica es una oración que no necesita palabras, cada capirote es un corazón que se inclina ante mí.

A veces veo disputas silenciosas: un niño que tropieza y otro que lo empuja sin querer; un adulto que se queja porque el paso no avanza a su ritmo; un hermano que mira con orgullo mientras otro siente miedo de no estar a la altura. Todo esto también forma parte del misterio. La fe no es perfecta; la fe es humana, y la humanidad es lo que hace que cada procesión sea sagrada. Yo no busco túnicas limpias ni pasos exactos;

busco corazones que caminen, que sientan, que amen, aunque sea a su manera torpe.

Veo los gestos que nadie nota: la mano que ayuda a un niño a colocarse la capa, el cirio que se inclina sin querer y otro que lo sostiene para que no se apague, la mirada que se cruza con otra y transmite aliento sin palabras. Estas pequeñas acciones son milagros, y Yo los celebro. Porque el verdadero amor no se ve desde afuera, pero se siente en cada paso, en cada respiración, en cada corazón que late con miedo y esperanza a la vez.

A veces me río por dentro. Veo a hermanos que se empujan suavemente, a los niños que intentan imitar a los mayores y acaban dándose un golpe con el capirote del vecino. Todo esto también es devoción. No hay error que no lleve un aprendizaje, no hay tropiezo que no acerque a alguien un poco más a mí.

Hay secretos en cada túnica: notas escondidas, fotos en los bolsillos, medallas que nadie ve, recuerdos de seres queridos que ya no caminan, promesas hechas en silencio, lágrimas derramadas sin que nadie las note. Cada nazareno es un mundo completo, y Yo lo veo todo, con paciencia y amor.

Al final del recorrido, cuando los últimos pasos se alejan y el eco de los tambores se extingue, queda la ciudad respirando más tranquila. Y Yo sigo allí, en la cruz, viendo cómo los corazones se sienten más cercanos unos de otros, cómo la devoción se renueva en silencio. Los nazarenos han hecho su camino, y Yo los bendigo en secreto, porque sé que no caminan solo por mí, sino por todos los que necesitan esperanza.

Cada túnica, cada capirote, cada paso es un poema que Yo leo desde mi lugar. Y cuando la procesión termina, la ciudad vuelve a sus calles, pero Yo sé que algo ha cambiado: la fe ha caminado, y Yo la he visto, y en cada paso de los nazarenos he visto a la humanidad acercándose a mí, torpe, imperfecta, hermosa.

14

Las camareras y los vestidores

Desde lo alto de mi mirada contemplo el templo que despierta lentamente con los primeros rayos del alba.

La luz se filtra a través de los vitrales, dibujando colores que danzan sobre la piedra gastada y los bancos de madera.

El aroma de la cera recién encendida se mezcla con el incienso, pesado y dulce, que aún guarda promesas antiguas.

Y allí están ellos: las camareras y los vestidores, sosteniendo la fe con sus manos, como guardianes de un tesoro que no pertenece a nadie, sino a todos.

Las camareras son las primeras en entrar en el mundo del cuidado silencioso. Sus manos recorren túnicas, ajustan mantos, peinan cabellos.

Cada gesto, aunque pequeño, es un acto de amor; cada suspiro, una oración callada.

He visto la emoción en los ojos de las nuevas, el respeto con que se acercan a lo sagrado, y la ternura con que las veteranas las guían, transmitiendo no solo técnica, sino también devoción.

En ellas vive una fe sencilla, tejida de paciencia y cariño, que no busca protagonismo, sino servir con humildad.

Porque ellas, como todos los que se acercan a lo sagrado, están para servir y no para servirse; para ofrecer amor y no buscar recompensa.

En cada puntada, en cada pliegue bien puesto, se esconde una historia de entrega y de fe.

A veces, entre la seriedad del momento, se cuelan risas y gestos de humanidad:

un niño que corre entre los bancos, un pañuelo que cae, una mirada cómplice.

Y es que la fe también se alimenta de esos instantes sencillos, donde el amor y la alegría conviven con el respeto.

Ellas lo saben: servir al altar no es un privilegio, sino un regalo, una forma de amar en silencio.

Los vestidores, por su parte, se mueven con la solemnidad de quien toca lo eterno.

Cada pliegue, cada broche, cada flor colocada con cuidado es una oración sin palabras.

Sus manos tiemblan, no por miedo, sino por respeto; por la conciencia de estar vistiendo no solo una imagen, sino un símbolo vivo de la fe de un pueblo.

He visto en ellos la calma del artesano y la emoción del creyente, unidos en un mismo gesto.

Porque vestir lo sagrado es también vestir el alma.

Y ellos, como las camareras, están para servir y no para servirse; para custodiar lo divino sin apropiarse de ello, con la discreción de quien sabe que el amor verdadero no se exhibe, se ofrece.

Hay secretos que solo ellos conocen: plegarias susurradas, lágrimas que se secan sin ruido, recuerdos que se esconden bajo un manto.

Todo forma parte de un lenguaje íntimo entre la fe y el corazón.

Y cuando la imagen queda lista, cuando el manto cae perfecto y la mirada parece más viva que nunca, algo dentro de ellos se serena, como si el alma respirara en paz.

Camareras y vestidores: distintos en su tarea, pero iguales en el amor con que sirven.

Las primeras sostienen la ternura y la memoria invisible; los segundos, la solemnidad y la belleza visible.

Sin ellos, el templo no despertaría igual; sin sus manos discretas, la devoción del pueblo no encontraría forma.

Cada detalle cuidado, cada tela extendida, cada flor ajustada con mimo, es una semilla de fe que florece en cada procesión.

Porque quien sirve desde el corazón nunca se engrandece a sí mismo: engrandece lo que ama.

Y cuando todo termina, cuando el silencio vuelve al templo y la luz de los vitrales se apaga lentamente, los observo permanecer unos segundos más, contemplando las imágenes.

No es orgullo lo que hay en sus rostros, sino una serena gratitud.

Saben que han servido, que han amado, que han cuidado lo que para muchos es el reflejo de lo divino.

Y Yo, desde lo alto, los bendigo.

Porque en sus manos descansa la delicadeza de la fe, la misma que une el cielo con la tierra.

Desde mi cruz los miro y sonrío, porque sé que en cada pliegue que acomodan, en cada mirada de respeto, en cada gesto sencillo, la fe de un pueblo sigue viva, año tras año, generación tras generación.

Y mientras haya corazones que sirvan con amor y humildad —que recuerden siempre que están para servir y no para servirse—, mi imagen nunca dejará de hablar… ni de amar.

15
La Carrera Oficial

Camino con vosotros, aunque mis pasos no se oigan. Me deslizo entre los nazarenos, los costaleros, las bandas y la multitud que llena las calles. Desde mi lugar —que es a la vez cercano y lejano— contemplo la historia que se repite cada año: la Carrera Oficial.

Una línea invisible que marca la frontera entre lo esperado y lo improvisado, entre la tradición y la modernidad, entre la devoción y la polémica. No es solo un recorrido; es un símbolo, un contrato tácito entre la ciudad y sus cofradías, entre el esfuerzo de los que cargan los pasos y el fervor de los que los contemplan.

Para muchos cofrades, la Carrera Oficial es un honor. Es donde se mide la paciencia de los nazarenos, la pericia de los costaleros y la precisión de los músicos. Allí se concentran miradas, cámaras y oraciones. Cada metro recorrido sobre el adoquinado es un acto de entrega, un momento que exige respeto, silencio y atención.

Y, sin embargo, también es un escenario donde se mezclan emoción y tensión, devoción y controversia.

Porque la Carrera Oficial no es solo tradición: es también discusión, negociación y, a veces, frustración.

Uno de los temas que más pasiones despierta son las sillas. Esas sillas que se alinean a lo largo del recorrido, que se reservan para familias enteras, que se heredan de padres a hijos. Para muchos, tener una silla en la Carrera Oficial es un privilegio ganado con los años: un pequeño trono desde el que contemplar la devoción sin perder detalle.

Para otros, en cambio, es una injusticia que perpetúa privilegios, que convierte la devoción en una cuestión de herencia más que de fe.

Yo los veo discutir, algunos con gestos de resignación, otros con palabras encendidas. Y comprendo a unos y a otros. Entiendo el valor de la tradición y la emoción de ver pasar los pasos desde el mismo lugar que vio tu padre, pero también la frustración de quienes buscan acercarse a la Semana Santa sin conocer a nadie ni tener un apellido que abra puertas.

Las sillas heredadas son, a su modo, un vínculo entre generaciones. Recuerdo a un hombre mayor que esperaba en el mismo sitio desde hacía más de cuarenta años. Lo había cuidado con esmero, marcado con su nombre y había enseñado a su hijo a respetar aquel lugar.

Cada año, al sentarse, recordaba a su padre y a su abuelo, sintiendo que la devoción se transmitía de manera tangible.

Y a su lado, su nieto sostenía un globo o una trompeta, sin comprender aún que aquel instante lo uniría para siempre a la memoria de su sangre.

Esa es la fuerza de las sillas heredadas: conectan generaciones, anclan recuerdos y refuerzan la continuidad de la Semana Santa.

Pero no todo es armonía. Los cambios en la Carrera Oficial también provocan debates encendidos. Cambiar una revirá, desplazar una valla, modificar el sentido de una calle... son pequeños ajustes para algunos, pero enormes decisiones para otros.

Cada modificación altera la planificación de los costaleros, la ubicación de los nazarenos y el ritmo de las bandas. He visto a capataces discutir con los organizadores, a hermanos mayores preocuparse por la seguridad y a los fieles murmurar, comparando cada cambio con el de años anteriores.

Y comprendo la tensión. La Semana Santa es tradición, pero también vida que se adapta a la ciudad, a sus necesidades y a su gente.

Encontrar el equilibrio entre lo eterno y lo temporal es siempre un desafío.

Recuerdo un año en que un pequeño cambio en la curva de una calle estuvo a punto de provocar un desastre.

Los costaleros del paso mayor habían calculado cada giro con meses de antelación. El cambio obligaba a girar quince centímetros antes de lo previsto.

Los capataces se miraban tensos, las bandas ajustaban el compás y los nazarenos contenían la respiración.

Yo los observaba y sentía la presión: cada paso era un latido del corazón de la ciudad, y un error podía desordenarlo todo.

Pero entonces sucedió algo hermoso: los costaleros ajustaron los hombros, la banda templó su ritmo y el paso reviró perfecto.

Nadie se dio cuenta del pequeño milagro que acababa de ocurrir... pero Yo lo vi todo.

Tampoco faltan las discusiones por las sillas.

Recuerdo a un joven de quince años que quiso ocupar el asiento que durante más de medio siglo perteneció a la familia de su vecino. Las palabras subieron de tono; los adultos debatían sobre tradición y derechos mientras los niños miraban en silencio.

Hasta que uno de los mayores sonrió y dijo: «Cuando seas padre, entenderás».

Y con esa frase volvió la calma.

Esa es la esencia de la Carrera Oficial: la paciencia y la sabiduría siempre vencen a la polémica.

Los cambios en el recorrido son otro capítulo de tensión. He visto hermandades enfrentarse a calles cortadas, vallas mal colocadas o imprevistos de última hora.

Los capataces deben improvisar, los músicos adaptarse y los nazarenos mantener la compostura.

Y a pesar de todo, la Carrera Oficial encuentra su equilibrio.

Cada metro recorrido es testimonio de fe y cooperación.

Cuando el paso culmina una revirá perfecta, la multitud estalla en aplausos, incluso aquellos que minutos antes estaban molestos.

La Carrera Oficial también es un escenario de emociones extremas.

He visto costaleros derramar lágrimas al volver a alzar el paso; nazarenos llenos de orgullo y miedo; familias que contienen el aliento cuando pasa su Cristo o su Virgen.

Y entre ellos, niños que corren, soplan trompetas o aplauden, recordando a todos que la Semana Santa también es alegría y espontaneidad.

No puedo olvidar los pequeños detalles que la engrandecen: las bolas de cera que los niños modelan en la acera, los globos que se escapan y cruzan el cielo, los tambores improvisados con cajas vacías, las estampitas y los caramelos que van de mano en mano.

Todo ello demuestra que la Semana Santa es de todos.

No importa si alguien tiene una silla heredada o si otro contempla de pie. Lo esencial es participar, sentir y vivir cada instante con el corazón despierto.

Los turistas también forman parte del paisaje.

Algunos se sorprenden ante la rigurosidad con que se ocupan los espacios; otros se maravillan con la precisión de los costaleros.

Pero ignoran que cada giro, cada metro recorrido, cada nota de cornetas y tambores lleva detrás años de experiencia, de amor y de debate.

Yo los miro y pienso: «No es solo un desfile. Es la fe de una ciudad hecha camino».

La Carrera Oficial enseña lecciones que van más allá de la Semana Santa: paciencia, respeto, tolerancia, cooperación y devoción.

Nos recuerda que la tradición no es algo rígido, sino vivo; que la historia se construye cada año con esfuerzo y amor; y que, a pesar de las discusiones y los cambios, la esencia permanece intacta.

He visto pasos atorarse, bandas improvisar, nazarenos correr para mantener la fila y al público contener la respiración.

Cada obstáculo superado se convierte en un nuevo capítulo de la memoria cofrade.

Y, cada año, quienes lo vivieron lo recuerdan, lo cuentan y lo vuelven a sentir.

Los niños siguen siendo protagonistas silenciosos. Corren entre las sillas, observan los pasos, soplan trompetas y golpean pequeños tambores, mientras sus globos y bolas de cera crecen con el paso de las horas.

Sus risas y su asombro recuerdan a los mayores que la Semana Santa no es solo solemnidad, sino también vida, juego y esperanza.

Sus ojos brillan cuando un paso se acerca, cuando un nazareno mantiene la fila perfecta, o cuando un capataz dirige con maestría el esfuerzo de los suyos.

Al final, la Carrera Oficial es un espejo de lo que somos: imperfectos, apasionados, llenos de historia y siempre dispuestos a entregar el corazón a lo que amamos.

Yo lo contemplo todo, invisible pero presente, y sé que cada paso, cada mirada, cada discusión y cada aplauso forman parte del milagro de la Semana Santa.

Allí, entre sillas, adoquines, niños y música, late lo mejor de nosotros: la fe, la tradición y la emoción compartidas.

Porque la Carrera Oficial, con sus polémicas y sus cambios, sigue siendo el corazón de la Semana Santa.

Un lugar donde el pasado y el presente se dan la mano, donde la paciencia convive con la emoción y donde la devoción se hace visible en cada metro recorrido.

Y Yo, que camino con vosotros, lo sé: sin la Carrera Oficial, la Semana Santa perdería gran parte de su magia, su historia y su fuerza.

Allí, en cada giro, en cada nota de trompeta, en cada aplauso y en cada silencio, late el alma de la ciudad.

Y Yo sonrío porque sé que, a pesar de todo, la esencia permanece: la devoción, la emoción y la capacidad de emocionarnos juntos.

Porque la Carrera Oficial no es solo un recorrido. Es senda, memoria y fe. Es el lugar donde la ciudad se mira a sí misma, donde la fe se hace calle… y el cielo, por un instante, se inclina sobre los adoquines.

16
Los floristas

Las flores hablan un idioma que pocos entienden, pero los floristas lo conocen bien. Ellos no necesitan palabras para rezar, porque oran con los pétalos, con el perfume, con el color.

Sus manos, guiadas por la fe, transforman lo sencillo en sublime, lo cotidiano en ofrenda. Son los primeros en llegar y los últimos en marcharse.

En las iglesias, donde la noche se confunde con el amanecer, todo huele a vida.

Entre cubos de agua, ramas verdes y montes de claveles, preparan la primavera que acompañará mis pasos. Allí el silencio tiene música y la paciencia se vuelve virtud.

Cada flor que cortan es una caricia ofrecida; cada composición, un acto de amor callado.

He visto cómo se detienen a contemplar una flor antes de colocarla, como si dialogaran con ella.

Y en cierto modo, lo hacen: le piden que hable por ellos cuando ya no queden palabras, que anuncie al mundo, con su aroma, el misterio de la Pasión.

No buscan protagonismo, ni aplausos, ni recono-cimiento. Les basta con saber que, por unas horas, su obra servirá para honrar al Hijo y a la Madre.

Porque saben que lo que nace del corazón, aunque se marchite, nunca muere.

A veces se les ve discutir entre ellos: si el exorno debe ser sobrio o abundante, si el lirio combina mejor con el nardo o con la rosa. Pero, al final, todos se en-tienden, porque la fe es el mejor de los diseños.

Y cuando el paso queda terminado, cuando la flo-rada parece respirar al compás del incienso, ellos se apartan despacio. Observan desde lejos su trabajo, con los ojos brillantes y las manos cansadas, sabiendo que lo bello no les pertenece: pertenece a Dios.

Cuando salgo a la calle, entre música y rezos, ellos se pierden entre la multitud. Nadie los nombra, pero todos los sienten. El pueblo huele la devoción que de-jaron en cada pétalo, y el aire se llena de ese perfume que sube hasta el cielo como oración.

Y Yo, al pasar entre las flores, los miro en silencio. Sé quiénes son, sé cuánto amor pusieron, sé cuántas no-ches pasaron en vela para que todo fuera digno de mí.

Benditos sean los floristas: los que hacen del perfume un rezo, del color una promesa, del arte una ofrenda.

Benditos los que, sin nombre ni aplauso, embellecen mi camino, porque en sus manos florece la fe y en su humildad florece el Reino de los cielos.

17

Los niños en Semana Santa

Yo los miro desde arriba y los veo llegar, cada año, a mis calles. Pequeños, con sus ojos brillantes, con sus manos temblorosas de ilusión y con un corazón que todavía no conoce la sombra de la maldad.

Ellos no tienen miedo, ni engaños, ni intereses escondidos; todo en ellos es limpio, todo es bueno.

Y Yo, que camino con vosotros en cada procesión, observo cómo su presencia transforma la solemnidad en algo más grande: en vida pura.

Los niños corren delante de los pasos, a veces sin darse cuenta del respeto que se respira, pero Yo no me enfado; al contrario, me sonrío.

No saben que están cruzando por el mismo lugar que los nazarenos caminan con penitencia, ni que sus pies pequeños pisan la misma arena que los costaleros llevan sobre los hombros.

Ellos solo sienten la música de las bandas, el aroma del incienso y el murmullo de las velas… y quieren ser parte de ello.

Y hay algo que siempre me llama la atención: los tambores y trompetas que compran en los puestos de la calle.

Para ellos son tesoros, instrumentos que les permiten imitar a los músicos de la banda y sentir que forman parte de la procesión.

Golpean con entusiasmo, aunque desafinados, y soplan con fuerza, aunque sin ritmo.

Sus padres sonríen, intentando enseñarles, pero Yo sé que lo que ellos buscan no es la perfección, sino la experiencia.

Y cuando el tambor de plástico retumba o la trompeta de colores chirría, todo el mundo se detiene un instante y los mira.

Yo los miro y pienso: «Qué hermoso es ver la Semana Santa a través de sus manos y su corazón».

Antes, cuando no había tantos puestos, los niños eran aún más creativos.

Tomaban cajas redondas de detergente para fabricar tambores, cajas de zapatos para hacer pasos diminutos y hasta cajas de papas para sostener sus pequeños palios.

Los pasillos de las casas, los patios y las calles quedaban llenos de estas obras improvisadas.

A veces, dejaban los jardines sin flores, porque las utilizaban como ofrenda para sus pasos de cartón o para decorar los templos improvisados en la esquina de la calle.

Sus padres suspiraban y recogían, pero Yo no me molestaba: entendía que todo eso era parte de su aprendizaje, de su acercamiento a la Semana Santa y de su capacidad infinita de convertir cualquier objeto en un tesoro sagrado.

Recuerdo a una niña que, durante la procesión del Viernes Santo, se quedó parada frente a un palio. Sus ojos eran tan grandes que parecía que quería tragarse el paso entero.

La madre la sujetaba con cuidado, tratando de que no avanzara demasiado, pero Yo la dejé.

Ella necesitaba ese instante, necesitaba comprender la grandeza de la Semana Santa a su manera, sin reglas ni límites, solo con su corazón abierto.

La niña extendió la mano y rozó una de las flores del paso y, en ese momento algo se iluminó en su mirada, algo que no necesita explicación: puro asombro.

Y luego están los niños que caminan con globos, ajenos a todo lo que un globo puede estorbar.

Los globos no son obstáculos, son recordatorios de que la Semana Santa también pertenece a la risa y al juego, y que todo acto de devoción no está reñido con la inocencia de un niño.

Y no puedo olvidar las bolas de cera.

Cada año, parecen engordar un poquito más, como si la Semana Santa las hiciera crecer con ellos.

Yo los miro y pienso: cada bola de cera, por pequeña que sea, es un acto de fe y de amor que ilumina el mundo un poquito más.

Y luego está la tradición de pedir caramelos o estampitas:

«¿Nos puede dar una estampita del Cristo?».

Y Yo los veo recibirlas con alegría, abrazando la devoción y la dulzura a partes iguales.

Algunos comparten sus caramelos con amigos; otros los guardan con cuidado para mostrárselos a sus hermanos mayores.

Todo es sinceridad, todo es natural, todo es bueno.

A veces me preguntan por qué los niños son tan valientes.

Caminan entre adultos, entre pasos cargados y varas de los hermanos mayores, y no sienten miedo. No sienten temor al sacrificio ni a la solemnidad.

Yo lo sé: su corazón es puro y en su interior no existe la duda ni la mentira.

Caminan con la seguridad de quien sabe que todo está bien, de quien confía sin reservas, de quien se deja llevar por la magia del momento.

Los niños no solo enseñan alegría; también enseñan paciencia y creatividad.

Antes, cuando las cajas de detergente se convertían en tambores, había que escuchar atentamente para que el sonido no se perdiera entre el bullicio de la procesión.

Y cuando los pasos de cartón se llevaban a hombros improvisados, uno comprendía que la fe no depende del tamaño ni del lujo: depende de la entrega y de la ilusión.

Los jardines vacíos de flores, los pasillos desordenados, los globos voladores, las bolas de cera y los caramelos eran solo manifestaciones de la creatividad inocente de los pequeños.

Todo eso, para mí, era un acto de amor hacia lo que representamos en estas fechas.

Al final, los niños son recordatorios vivientes de lo que la Semana Santa debería ser: un encuentro con la pureza, la alegría y la esperanza.

Ellos no conocen la hipocresía, no calculan, no planean. Todo en ellos es espontáneo, sincero y verdadero.

Cada niño que camina, corre o juega entre pasos, nazarenos y costaleros es una pequeña chispa de luz que ilumina mi mirada y llena de vida cada procesión.

Yo los miro desde arriba y sonrío, porque sé que la Semana Santa no sería la misma sin ellos.

Son el futuro, sí, pero también el presente más puro.

Y mientras los veo correr, saltar, soplar trompetas, golpear tambores, levantar globos, hacer bolas de cera y pedir estampitas o caramelos, comprendo que, aunque los años pasen y las generaciones cambien, los niños siempre traerán a la Semana Santa esa alegría sin sombras, esa devoción que no necesita nada más que el corazón abierto y la mirada limpia.

Porque ellos, los niños, no tienen maldad.

Todo en ellos es bueno.

18
La Semana Santa en los medios

Desde lo alto de la cruz contemplo cómo, cada primavera, la ciudad se transforma en un templo al aire libre. Las calles se llenan de pasos, de túnicas y de fe, pero también hay un ejército silencioso que trabaja tras bambalinas, lejos del incienso y del polvo del suelo: los hombres y mujeres de la televisión, la radio, la prensa y los fotógrafos. Su misión es titánica: transmitir la pasión de Cristo más allá de las calles, para que quien no puede estar presente sienta, viva y respire la Semana Santa.

Desde el primer momento en que se anuncia que un paso va a salir, los técnicos comienzan su labor. Ajustan cámaras, revisan micrófonos, calibran la luz y comprueban cada ángulo. Todo debe ser perfecto, porque cada segundo transmitido es un fragmento de fe que alguien, lejos del bullicio, recibirá como consuelo o inspiración.

He visto a operadores de cámara correr por aceras estrechas, esquivando nazarenos y público, sosteniendo con esfuerzo su equipo mientras buscan la mejor toma. Cada encuadre intenta capturar no solo la imagen del paso, sino la emoción de los costaleros, la devoción de los nazarenos y el silencio reverente de quienes miran desde balcones y plazas.

Y mientras buscan el ángulo perfecto, también tratan de hallar —sin saberlo— el rostro mismo de Dios en el esfuerzo humano.

Si la televisión muestra el rostro de la devoción, la radio pone voz al silencio.

Los locutores describen cada giro, cada compás y cada pausa con precisión poética. Sus palabras deben transmitir lo que los ojos no ven: el ritmo de los costaleros, la respiración contenida, el eco del tambor lejano, el murmullo de la multitud. He escuchado cómo, a través de una simple voz, el oyente que sigue la procesión desde su casa o su coche siente que camina entre los pasos, que carga con la madera, que late al compás de los corazones que llevan su fe en los hombros.

La prensa escrita cumple la misión de convertir el instante en memoria.

Desde el amanecer, los periodistas recorren las calles, anotando detalles, recogiendo testimonios, observando lo que pocos ven. Sus crónicas recogen milagros pequeños: un niño que contempla por primera vez al Cristo desde un balcón; una mujer que coloca flores con silenciosa ternura; un costalero que cumple una promesa por alguien que ya no está.

Cada artículo es un hilo que une la tradición con el presente, y que permite que la pasión de Cristo llegue más allá del tiempo y del espacio.

Y entre todos ellos hay un ojo especial: el del fotógrafo. Él no solo registra la imagen, sino que la siente. Espera el instante preciso en que la luz, el gesto y la emoción se cruzan en una sola verdad casi divina.

He visto fotógrafos agacharse, trepar a balcones, sostener la cámara con manos temblorosas por la emoción y el cansancio, todo por capturar un segundo que será eterno: un costalero que mira al cielo, un nazareno que inclina la cabeza, una lágrima que desciende por el rostro de un espectador.

La cámara congela el tiempo y convierte la devoción, el dolor y la alegría en un testimonio eterno.

El trabajo de estos profesionales es arduo, silencioso y muchas veces invisible.

Sin ellos, la Semana Santa quedaría confinada a las calles y los templos. He visto equipos de televisión correr de un punto a otro, ajustando cámaras con precisión milimétrica mientras los pasos avanzan; locutores que modulan la voz para transmitir emoción; periodistas que escriben con prisa, temiendo que el milagro se les escape entre las manos.

Los fotógrafos enfrentan su propia cruz: la luz que cambia, las sombras que se mueven, los ángulos imposibles. Anticipan cada giro del paso, cada levantá, cada momento de tensión o descanso, entre una multitud que apenas les deja respirar.

He visto a uno de ellos permanecer una hora entera en un balcón, esperando el instante en que la luz del atardecer acariciara el rostro de un costalero. La imagen resultante no era solo técnica: era un fragmento de eternidad, un reflejo de entrega, fe y humanidad.

Esa fotografía, después publicada o expuesta, se convirtió en oración hecha imagen.

El trabajo de los medios también tiene su magia silenciosa.

Una cámara capta el gesto de un niño que, por primera vez, comprende el misterio que pasa ante sus ojos. Un locutor describe el sonido del tambor que anuncia al Cristo detenido frente a una capilla, mientras el público guarda un silencio reverente. La prensa recoge ese instante y lo transforma en relato, en memoria. La radio, con su cadencia, permite que quien está lejos sienta el corazón mismo de la procesión.

A veces, los medios enfrentan contratiempos: calles estrechas, interferencias, retrasos, cambios de itinerario. Pero nunca ceden. Saben que su labor también es un acto de fe.

Cada emisión, cada fotografía, cada crónica es un puente entre la devoción y quienes la contemplan desde lejos.

He visto sus rostros cansados, sus manos tensas, su mirada fija. Saben que cada segundo que transmiten puede ser consuelo para alguien, oración para otro, esperanza para muchos.

Cuando todo termina y el último tambor calla, los equipos también bajan su cruz.

Cierran cámaras, apagan micrófonos, entregan sus crónicas y fotografías. Y mientras la ciudad recupera el silencio, ellos saben que han sido parte de un milagro: que la Semana Santa ha llegado más allá de las calles, más allá del tiempo, más allá del espacio.

Porque su trabajo, hecho con humildad y precisión, ha permitido que la fe viaje hasta los rincones donde la procesión no puede llegar.

Desde mi cruz lo veo todo: los costaleros bajo la madera, los nazarenos entre la multitud, las bandas que marcan el compás, los fotógrafos y reporteros que trabajan con devoción. Todos forman parte del mismo coro de entrega y humanidad.

Gracias a ellos, mi Pasión no se queda en la calle: atraviesa las ondas, las páginas, las pantallas y los corazones.

Porque así es la Semana Santa: intensa, humana, sagrada y compartida.

Todo termina en la calle, pero comienza de nuevo en cada fotografía, en cada crónica, en cada emisión.

Y el milagro persiste: mi Pasión sigue viva, año tras año, más allá del tiempo y de la muerte.

19

Los pasos de misterio

Hay catecismos que se aprenden entre muros y hay otros que se aprenden en las calles, entre incienso y tambores. Los pasos de misterio son evangelios tallados en madera, catequesis vivas que hablan sin palabras y enseñan sin voz. En cada uno de ellos está escrita, con sangre y con fe, la historia de mi pasión.

La oración en el huerto.

Allí comienza todo. Bajo el silencio de los olivos, la humanidad de Cristo tiembla y su divinidad sostiene el peso del mundo. En ese instante de soledad y de entrega, se aprenden la obediencia y el amor sin medida.

El prendimiento.

La noche se llena de antorchas y de traiciones. Judas se acerca y besa al Maestro, el beso más amargo de la historia. En ese paso se enseña que el dolor más profundo no viene del enemigo, sino del amigo que traiciona.

La flagelación.

La columna se convierte en altar del sufrimiento. Cada azote es una palabra de amor escrita en el cuerpo del Redentor. La lección es clara: no hay redención sin sacrificio.

La coronación de espinas.

Entre burlas y golpes, los hombres coronan al Rey con espinas. Y en medio de la humillación más cruel, nace la verdadera realeza, la que no necesita oro ni trono.

Jesús con la cruz al hombro.

Camina el Nazareno entre el gentío, con la cruz que pesa más que el mundo. Cada paso es una enseñanza de paciencia, de entrega, de amor sin límite. En su caída se levantan los que tropiezan, en su silencio se escucha el perdón.

La crucifixión.

El madero se alza al cielo y la tierra se estremece. Es el instante en que la muerte se derrota a sí misma, en que el dolor se convierte en esperanza. El paso del Calvario enseña que el amor verdadero es aquel que se da por entero.

El descendimiento.

Las manos que un día acariciaron enfermos y niños ahora son bajadas con ternura del madero. La Virgen recibe en su regazo el cuerpo sin vida de su Hijo. En ese paso se aprende la compasión más pura y el dolor más santo.

El Santo Entierro.

El sepulcro se abre para recibir al que es la Vida. Parece el final, pero es el principio. La piedra que se cierra no encierra el amor, sino que lo prepara para resucitar.

Los pasos de misterio no son solo imágenes: son sermones de madera, oraciones en movimiento, enseñanzas que cruzan generaciones. Mientras haya un paso de misterio, habrá fe, habrá memoria y habrá salvación.

20
El Consejo de Hermandades

«El que quiera ser el primero entre vosotros,
que sea vuestro servidor».
Evangelio según San Mateo 20:27

Desde lo alto de mi Cruz, donde el viento trae el eco de los siglos y el alma del hombre se eleva en plegaria, miro con amor a mis hijos que organizan, custodian y mantienen viva la llama de la fe.

Y entre ellos, veo nacer un día —por inspiración del Espíritu y deseo de concordia— lo que hoy llamáis Consejo de Hermandades y Cofradías.

Nació con un fin noble y sencillo: unir corazones dispersos, poner orden en el fervor, caminar juntos bajo una misma Cruz.

Nació para servir, no para destacar; para cuidar de todos los que me siguen, sin mirar colores, nombres ni antigüedades.

Fue creado para ser cauce de paz, instrumento de entendimiento y guardián del patrimonio espiritual de mis pueblos.

Desde entonces, en cada lugar donde florece la devoción, el Consejo se convierte en el árbol que cobija a todas las ramas de la fe.

De él dependen los calendarios, los pregones, los horarios y las normas, pero también —y sobre todo— la armonía entre hermanos.

Porque lo que comenzó como una mano tendida entre hermandades debe seguir siendo eso: una mano que abraza, no que señala; que bendice, no que distingue.

Desde aquí los miro y recuerdo a mis discípulos. Ellos también discutían quién era el mayor entre ellos. También les costaba entender que el primero debía ser el último y que el que manda ha de servir con los pies descalzos del amor.

Así también vosotros, hijos míos, que formáis los Consejos de Hermandades, sois llamados a servir, no a gobernar; a unir, no a dividir; a ser puentes, no muros.

Porque cada hermandad es un rostro distinto de mi Pasión: unas me acompañan en el silencio de Getsemaní, otras me sostienen bajo el peso de la cruz, otras limpian mi sangre, otras lloran conmigo al pie del madero.

Pero todas, sin excepción, son parte del mismo cuerpo, del mismo Cristo crucificado.

Y cuando una recibe más atención que otra, cuando una voz se escucha más alto que las demás, el cuerpo sufre y mi Pasión se repite en el corazón de los que se sienten olvidados.

He visto Consejos que trabajan con humildad, que se desvelan por mantener el orden de las procesiones, por cuidar los detalles que hacen de la Semana Santa un testimonio vivo de fe.

He visto hermanos que lo entregan todo sin esperar recompensa, que callan sus méritos y elevan a los demás, que entienden que el mayor honor es servir a mi Madre y llevar mi nombre por las calles.

Pero también he visto, con dolor, cuando el orgullo entra en los salones donde debía habitar el Espíritu.

He visto cómo algunos olvidan que fueron llamados a servir y no a ser servidos, y cómo se confunde el bien común con el interés propio o el nombre resonante.

No vine al mundo a ser adorado en privilegios, sino en corazones limpios.

No quiero Consejos que se encierren en decisiones humanas, sino Consejos que se abran a la voz del Evangelio.

El poder no es un título ni una firma: es una cruz que debe llevarse con amor, con la misma humildad con la que Pedro lloró después de negarme.

Desde mi Cruz os digo: cada cofradía es un latido de mi Corazón, y el Consejo debe ser el pulso que los une, no la mano que los separa.

Cada hermandad late con su propio ritmo, pero solo un corazón común puede mantener viva la fe del pueblo.

Que no se mida a las hermandades por su historia, su patrimonio o su nombre, sino por la verdad de su fe y la pureza de su servicio.

El Reino de Dios no se cuenta por antigüedades, sino por almas que aman sin distinción.

Recordad: cuando uno solo de mis hijos se siente desplazado, el Cirineo vuelve a caer bajo el peso de mi cruz.

Cuando una hermandad es ignorada, mi Madre vuelve a llorar bajo su manto.

Y cuando un Consejo actúa con justicia y amor, el cielo se alegra, porque en ese gesto se repite el milagro del perdón y la unidad.

Benditos los que trabajan en silencio, los que sirven sin ser vistos, los que buscan la paz entre los hermanos.

Ellos son los verdaderos administradores de mi Pasión, los que hacen posible que cada primavera mi historia vuelva a caminar entre las flores y el incienso.

Y mientras las campanas anuncian la llegada de cada primavera, elevo mi mirada al cielo y os hablo a vosotros, que veláis por mis hermandades:

Yo os bendigo, hijos míos, a vosotros que formáis los Consejos de Hermandades y Cofradías.

Os bendigo cuando trabajáis con entrega,cuando decidís con amor,cuando buscáis la paz entre quienes no piensan igual.

Os bendigo cuando el cansancio os vence y aun así seguís sirviendo por mí.

Os bendigo cuando dejáis a un lado el orgullo y ponéis al hermano por delante del interés.

Que mi Espíritu os acompañe en cada reunión, que mi palabra ilumine vuestras decisiones, y que mi Madre, Consoladora de los afligidos, os cubra con su manto cuando el desánimo os visite.

Yo estaré en medio de vosotros cada vez que actuéis con humildad, cada vez que elijáis la justicia sobre la conveniencia, cada vez que recordéis que servir es amar.

Seguid siendo guardianes de la fe, puentes entre los hermanos, voz de la unidad y reflejo de mi Evangelio.

Y cuando llegue la hora de rendir cuentas ante el Padre, que podáis decir con paz en el alma: «Señor, he servido, no mandado; he amado, no distinguido; he guiado, no dividido».

Entonces os miraré desde mi Cruz y con amor eterno os diré: «Bienaventurados los que sirvieron en silencio, porque de ellos es el Reino del Cielo».

21
Los cangrejeros de la devoción

Siempre han estado ahí. Delante de los pasos, arrimados al manto de la Virgen, a los varales o delante de ella o mía, avanzan con un andar peculiar, como cangrejos que retroceden hacia atrás, pendientes de no perder el sitio. Les llaman cangrejeros, y lo cierto es que, más que ayudar, la mayoría de las veces estorban.

Su figura se repite en casi todas las hermandades. Da igual que el palio lleve bordados de siglos o que la cruz de guía apenas haya salido a la calle; ellos siempre encuentran el modo de colocarse en ese espacio privilegiado, entre los cirios y la multitud. Y aunque cambien los Titulares, sus devociones parecen adaptarse como un guante: hoy gritan «¡Viva la Esperanza!», mañana «¡Viva mi Cristo!» y pasado «¡Viva la Virgen de las Angustias!». La fe se mide en vivas, pero el lugar siempre es el mismo: ese reducto delante del paso que convierte la procesión en su propio escenario.

No seré Yo quien dude de la fe de nadie. Quizá la tengan, y sincera. Pero hay un matiz que no puede ignorarse: su presencia resta protagonismo al que de verdad va entregado de corazón, al costalero que suda bajo las trabajaderas, al nazareno que camina en silencio cumpliendo su promesa, al devoto que aprieta los labios para no quebrarse de emoción al ver pasar a su Virgen por la esquina de su vida. El cangrejero, en cambio, se muestra. Está más pendiente de ser visto que de ver.

El andar hacia atrás, torpe y forzado, genera un efecto curioso: obstaculizan la visión de quienes aguardan horas en la acera. Niños pequeños subidos a hombros, ancianos que buscan la estampa de su Cristo, madres que quieren enseñar a sus hijos el rostro de la Virgen… todos tropiezan con la misma barrera de espaldas, de brazos levantados, de promesas que parecen más espectáculo que sacrificio. El pueblo pide un segundo de recogimiento y lo que recibe es una muralla de cangrejeros.

Muchos de ellos son siempre los mismos. Rostros que se repiten año tras año, hermandad tras hermandad. Algunos, incluso, van marcando territorio: «Este lado es mío, yo siempre voy aquí». Como si el paso fuera suyo, como si la hermandad tuviera la obligación de concederles ese privilegio. Se convierten en una especie de cofradía paralela, una hermandad invisible que no necesita papeleta de sitio, que no se viste de túnica ni se ata el costal, pero que quiere estar delante, en la foto, en el recuerdo de los demás.

Lo doloroso es que, en el fondo, muchos lo hacen con buena intención. Rezan, piden, cumplen promesas personales que solo ellos conocen. Nadie puede juzgar el corazón de otro. Pero la forma importa, y no se puede negar que el modo en que se presentan rompe la armonía de la cofradía. El paso pierde pureza cuando se rodea de una corte que se mueve sin orden ni concierto. La solemnidad del andar queda desdibujada por un grupo que no pertenece a ninguna sección oficial, pero que se atribuye un protagonismo que no le corresponde.

Algunos capataces, sabios y valientes, intentan frenarlos. Les piden que se retiren, que dejen espacio, que respeten. Pero el cangrejero tiene el arte de la insistencia: siempre encuentra la manera de volver, de meterse de nuevo, de colocarse al lado del faldón como si aquello fuera parte de su fe. Y lo curioso es que, cuando se apaga el último cirio y se guardan los pasos en los templos, ellos siguen apareciendo, procesión tras procesión, convencidos de que su sitio es ese, aunque estorben más que acompañen.

Quizá, algún día, alguien les explique que el verdadero protagonismo no está en el sitio que ocupan, sino en la entrega sincera y silenciosa. Que ayudar no es colocarse delante, sino apartarse para que otros puedan ver y sentir. Que la fe no necesita pasarela, sino recogimiento. Y que, por mucho que griten vivas, los que de verdad llevan al Señor y a la Virgen en el alma lo hacen en silencio, sin necesidad de que nadie los vea.

22

La Iglesia

Yo fundé mi Iglesia sobre la roca de Pedro. No fue invención de hombres, sino voluntad mía, para que nunca caminarais solos, para que siempre tuvierais casa, alimento y guía. La Iglesia es mi Esposa, santa en su origen, porque es fruto de mi entrega y de mi amor. Y, sin embargo, está formada por hombres y mujeres frágiles, pecadores como vosotros, que a veces aciertan y otras veces tropiezan.

Muchos la critican, otros la rechazan, algunos la desprecian. Pero la Iglesia sigue siendo madre, aunque algunos de sus hijos fallen. Porque ella da vida en los sacramentos, ella anuncia la Palabra, ella custodia la fe que os salva.

El templo como casa de todos

Cuando entráis en una iglesia de piedra, no solo entráis en un edificio. Allí está mi presencia real en la Eucaristía; allí se celebra el bautismo que os abre a la gracia; allí el perdón os limpia y os levanta. El templo es refugio, consuelo y encuentro.

A lo largo de los siglos, esos muros han sido testigos de vuestras alegrías y de vuestras lágrimas. Allí habéis llevado a bautizar a vuestros hijos, allí os habéis casado, allí habéis despedido a vuestros difuntos con la esperanza de la resurrección. La Iglesia os ha acompañado siempre, como madre fiel que no abandona.

Los sacerdotes, pastores del pueblo

Los sacerdotes son instrumentos míos. Con sus manos consagran el pan y el vino, con su voz anuncian la Palabra, con su vida os acompañan en el camino. Cuando un cura vive con entrega y humildad, cuando se acerca al pobre, cuando «huele a oveja», como buen pastor, entonces mi corazón se alegra.

Hay sacerdotes que han gastado su vida entera sirviendo en silencio, en pueblos pequeños, en barrios humildes, en hospitales y en cárceles. Esos son los grandes tesoros ocultos de mi Iglesia.

Pero también sabéis que no todos entienden la riqueza de las hermandades. Algunos miran con distancia, otros con indiferencia y a veces con dureza. Olvidan que una hermandad no es solo cera, flores o música, sino caridad, fraternidad y Evangelio vivido en la calle.

Un cura que no comprende eso se queda a medias en su misión, porque no ve cómo el pueblo encuentra a Dios a través de esos pasos, de esas manos tendidas, de esa fe popular que es semilla de santidad.

La hermandad en el barrio: Evangelio cercano

Una hermandad es Iglesia viva en el corazón del barrio. Es catequesis para los niños, es consuelo para los ancianos, es esperanza para el que no pisa nunca un templo, pero se acerca cuando escucha una banda ensayar o cuando ve un paso salir por las calles.

No son solo procesiones de Semana Santa: son bolsas de caridad que alimentan, son visitas a los enfermos, son convivencias que forman, son familias que rezan juntas. Una hermandad abre caminos donde, a veces, la parroquia no llega.

Por eso, cuando una cruz de guía cruza una esquina, el Evangelio también se abre paso entre las casas. Quien cree que las hermandades son solo fiesta no ha entendido nada. Porque son semilla de fe, y muchas veces son la primera puerta por la que alguien entra a la Iglesia.

Las sombras que duelen

Pero no todo en la Iglesia es luz. Vosotros lo sabéis, y Yo lo sufro con vosotros. La herida de la pederastia ha manchado el rostro de mi Esposa. Esos pecados, esas traiciones, contradicen el Evangelio que anuncié y hieren el corazón de las víctimas.

Yo estoy con cada niño que sufrió, con cada familia rota por la traición de quienes debían cuidarles. Ellos me crucificaron de nuevo en los pequeños. Por eso la Iglesia no puede callar ni esconder, sino pedir perdón, reparar, sanar y purificarse. Porque solo la verdad y la justicia devuelven la confianza.

No todos los sacerdotes son culpables, ni todos los que sirven en la Iglesia han fallado. Pero esas sombras pesan y dañan la credibilidad de la misión. Por eso os invito a no mirar solo el pecado de unos pocos, sino también el bien inmenso de tantos otros que han entregado su vida sin mancha.

Una Iglesia que sigue siendo mía

A pesar de las sombras, la Iglesia sigue siendo mía. Yo no la abandono, porque ella es mi Esposa. En ella hay santidad escondida en lo sencillo: en la monja que reza de madrugada, en el cura que visita a un enfermo, en el cofrade que ayuda a su hermano en silencio, en el joven que se confiesa y se convierte.

La Iglesia necesita purificación constante, sí, pero también necesita vuestra fidelidad, vuestra oración y vuestro compromiso. No esperéis que sean otros los que la hagan santa: cada uno de vosotros está llamado a ser luz dentro de ella.

Amad a la Iglesia, aunque a veces os duela. Defendedla, aunque veáis sus debilidades. Servidla, aunque otros no comprendan vuestra entrega. Porque en ella sigo estando Yo.

Y recordad siempre que cada hermandad, cada parroquia, cada comunidad pequeña, es parte de ese gran cuerpo que formamos juntos. Que nadie os engañe: donde dos o tres se reúnen en mi nombre, allí estoy Yo.

La Iglesia es mi casa y vuestra casa. Con sus luces y sus sombras, sigue siendo el lugar donde os espero, donde os abrazo y donde os salvo.

23
La mujer, costalera del amor

Desde lo alto de mi Cruz contemplo los siglos.

El viento me trae rezos de mujeres que nunca callaron su fe, aunque a veces callaron su nombre.

Ellas fueron las primeras en creer, las últimas en marcharse.

Cuando mis discípulos huyeron, ellas permanecieron.

Cuando todo parecía perdido, ellas siguieron al pie del madero, con el corazón firme y los ojos nublados de amor.

Mi Madre fue la primera costalera.

Llevó en sus brazos el paso de mi niñez y, en su alma, el peso de mi destino.

Con sus manos tejió mi túnica, con su voz marcó el compás de mi vida.

Fue mi capataz, porque me enseñó a andar, a caer, a levantarme.

Fue la que me guio con ternura y con fe, la que me sostuvo cuando el mundo pesaba, la que me enseñó que el amor también se demuestra cargando.

Desde lo alto de mi Cruz veo hoy a tantas mujeres que siguen el eco de su ejemplo.

Las veo en los templos cuidando altares, puliendo candelerías, bordando oraciones en hilos de oro y esperanza.

Las veo en los talleres, en los salones, en las casas donde se planchan túnicas mientras suena una marcha y la cera se prepara con mimo; las veo haciendo torrijas al son de Amarguras.

Las veo enseñar a los más pequeños cómo colocarse el cinturón de esparto, cómo no manchar la túnica, cómo llevar el cirio recto, porque saben que cada detalle es una oración.

Veo a las madres que esperan tras la esquina cuando su hijo es costalero, con el corazón encendido de orgullo y miedo, rezando a escondidas por cada chicotá.

Veo a las abuelas que llevan la fe en el rosario gastado y en las manos arrugadas, que aún huelen a flores de azahar y a cirio derretido.

Ellas son las guardianas de la tradición, las que no aparecen en los carteles, pero sin las cuales nada existiría.

Desde lo alto de mi Cruz las bendigo, una por una.

Bendigo a las camareras que visten a mi Madre con lágrimas en los ojos.

Bendigo a las que escriben pregones desde el alma, a las que bordan versos y levantan oraciones entre puntada y puntada.

Bendigo a las que sueñan con ver un día a una mujer presidiendo el Consejo, guiando con humildad y justicia, como guía mi Madre desde el Cielo.

Bendigo a las que llevan el llamador del amor, no para mandar, sino para servir.

Porque ellas no buscan tronos, sino cruz; no buscan nombre, sino entrega; no buscan poder, sino amor.

Quiero verlas pregoneras de mi Pasión, proclamando con voz firme y mirada limpia el milagro de la fe.

Quiero verlas hermanas mayores, al frente de sus cofradías, defendiendo lo sagrado sin miedo y con ternura.

Quiero verlas costaleras del alma, llevando sobre sus hombros la devoción de los siglos.

Porque donde hay una mujer, hay un templo; donde hay una madre, hay una promesa; donde hay una abuela, hay una raíz.

Desde lo alto de mi Cruz miro y comprendo: sin ellas, la Semana Santa perdería su pulso.

Porque la fe no solo se viste de túnica o de capa; también se cose, se enseña, se reza y se hereda.

Y en todo eso, la mujer ha sido y será siempre mi mejor discípula.

Ella, costalera del amor,
fue la primera en decir «sí»,
cuando el cielo le pidió lo imposible.
Fue la primera en cargar con mi nombre,
cuando aún era niño y su brazo era trono.
Ella, la que no gritó,
la que no discutió,
la que miró al ángel y creyó,
sin entender, pero amando.
Capataz de mi vida,
costalera de mi infancia,

reina sin corona,
madre sin descanso.
Y en su huella caminaron tantas…
Las que callan en los templos,
las que cosen madrugada adentro,
las que enseñan a rezar sin palabras,
las que lloran detrás de un paso,
las que sonríen cuando todo duele.
Ellas son la columna invisible del Reino,
el incienso que no se ve,
el hilo que une el cielo con la tierra.
Ellas son verbo, fuego y ternura.
Quiero verlas pregonando mi Pasión,
alzando su voz limpia y valiente.
Quiero verlas al frente de la fe,
no como excepción, sino como derecho.
Porque fueron ellas
las que me siguieron al Calvario,
las que sostuvieron mi cruz con su mirada,
las que recogieron mi cuerpo
y perfumaron mis heridas con amor.
Ellas, las que sin trono ni espada
levantan cada año mi Semana Santa.
Ellas, las que con manos de madre
vuelven a ponerme en el mundo.
Y por ellas,
por su amor, por su entrega, por su fe,
mi corazón —incluso desde esta cruz—
se inclina en gratitud eterna.

24
La saeta que me alcanza en la Cruz

Desde lo alto de la Cruz, donde entrego mi vida, contemplo el mar de miradas que me rodea.

El paso se detiene. El murmullo se apaga. Solo se escucha el crujir de la madera, el resuello de los costaleros, el eco lejano de una campana. Y entonces, de repente, surge una voz que quiebra la noche.

Es una saeta.

No es canto aprendido en escuela, ni música escrita en pentagrama. Es un grito del alma que sube hacia mí como incienso ardiente.

Y Yo, clavado en el madero, la recibo.

El pueblo me habla en ese instante, y Yo escucho:

«Ay, Cristo de la agonía,
no me dejes en la pena,
que aunque tu sangre se acaba,
mi esperanza en Ti no muera».

Y mi corazón, traspasado, se conmueve.

Porque sé que esa voz nace de la herida abierta de un hombre que sufre, de una mujer que reza, de un hijo que clama por sus padres, de un anciano que espera consuelo.

Otra voz, más ronca, se eleva desde un balcón cercano:

«Rey del cielo y de la tierra,
mírame, que soy pequeño,
pon tus manos en mi herida,
Cristo, dame tu consuelo».

Y mientras la multitud guarda silencio, Yo reconozco en esas notas temblorosas la fe sencilla de un corazón que se entrega.

No hay oro ni incienso que me agrade más que esa oración cantada, porque en ella me dais todo lo que sois.

El saetero tiembla al cantar. Sus ojos se humedecen, su garganta se quiebra. Y Yo, desde la Cruz, le digo en silencio: «No temas, tu voz me alcanza, tu súplica llega hasta mí».

Y aún otra saeta me hiere y me abraza a la vez:

«Clavo a clavo tu agonía,
espina a espina tu frente,
pero en tu rostro doliente
brilla la luz que me guía».

Cada una es distinta, cada una única. Unas veces son versos breves como un suspiro; otras, largas como el desgarro que habita en el alma.

Pero todas, absolutamente todas, las guardo en mi memoria eterna.

El pueblo calla, y Yo escucho.

El paso avanza, y Yo permanezco.

Y aunque mi cuerpo se incline por el peso del madero, mi espíritu se eleva con cada saeta que me entregáis.

Por eso os digo: no dejéis de cantar, aunque la voz se quiebre, aunque el aire falte, aunque la emoción os venza. Porque cada palabra dicha entre lágrimas, cada nota lanzada al cielo, se convierte en caricia para mis llagas y en corona de amor que vence a la de espinas.

Cuando todo se apaga y el silencio vuelve a adueñarse de la noche, Yo sigo escuchando en mi interior esas oraciones hechas canto.

Y os aseguro que ninguna se pierde.

Todas llegan hasta mí.

Todas quedan grabadas en el corazón del que, desde la Cruz, os mira y os ama.

25
Los piostres

Desde lo alto de mi cruz, contemplo a los piostres. Son hermanos casi invisibles para el pueblo, pero imprescindibles para la hermandad. No cargan con los pasos, no avanzan en silencio con un cirio, ni dirigen con la voz firme de un capataz. Su misión es otra: custodiar las joyas de las imágenes, vigilar que nada falte, arreglar los altares y atender cualquier imprevisto que surja en el camino.

El pueblo rara vez sabe quiénes son, pero todos disfrutan del fruto de su trabajo. Antes de que la cofradía pise la calle, ya han pasado horas preparando con esmero cada detalle. Revisan que las preseas estén bien ajustadas, que las sayas y mantos caigan con elegancia, que los altares estén dispuestos con armonía. Y cuando llega la procesión, permanecen atentos, con la mirada fija en la imagen y en su entorno, dispuestos a intervenir en silencio si algo se altera.

Recuerdo una vez en que un broche de plata se soltó en mitad del recorrido. El piostre, con calma y destreza, lo aseguró sin que apenas nadie lo notara. O aquella otra ocasión en la que el viento movió un manto y estuvo a punto de desordenar toda la compostura. Fue la mano discreta de un piostre la que devolvió el orden y la belleza. Nadie lo anunció, nadie lo aplaudió, pero Yo lo vi; y en ese gesto silencioso reconocí el amor escondido que sostiene la fe del pueblo.

Su labor no se mide en fuerza, sino en cuidado. Custodian lo más valioso que tiene una hermandad: la dignidad de sus imágenes y el decoro de sus altares. Están atentos a cada esquina, a cada bache, a cada roce que pueda dañar un adorno o una pieza. Y cuando intervienen, lo hacen con la humildad de quien no busca ser visto, sino de quien sirve por amor.

Los piostres son los guardianes silenciosos de la belleza, los que cuidan lo que otros contemplan con devoción. Y Yo, desde mi cruz, los bendigo porque me enseñan que el servicio discreto es tan valioso como el esfuerzo del costalero o la oración del penitente. En ellos descubro que la fe también se expresa en un hilo que cose a tiempo, en una mano que coloca una joya, en un gesto que evita un daño.

Por eso, aunque el pueblo no siempre los nombre, su recompensa es grande. Porque cada altar que levantan, cada adorno que salvan, cada joya que custodian, lo hacen para Mí y para mi Madre. Y el cielo guarda memoria de su entrega callada.

26
Los músicos del alma

Desde lo alto del madero, escucho el eco de una marcha que se pierde entre las calles angostas. No son los cascos de los soldados ni el murmullo de la multitud lo que me estremece... Es la música.

Esa música que no se aprende en partituras, sino en el alma.

Esa que nace del sacrificio, del ensayo a la intemperie, del frío que cala los huesos y del cansancio que no entiende de horas.

A lo lejos veo a los músicos de mi Cristo, esos hombres y mujeres que, con la corneta en los labios o el tambor al hombro, ofrecen lo más puro que tienen: su tiempo, su fe y su arte.

No hay paga en el mundo que recompense su entrega. Ensayan durante meses, cuando aún no se huelen los azahares ni se escuchan las saetas.

Repiten una y otra vez las notas hasta que la música se convierte en oración.

Y cuando llega el día, marchan tras mis pasos. No piden protagonismo, aunque muchos se fijen en ellos más que en Mí.

Algunos se deslumbran con un solo de corneta o con el redoble perfecto, pero no miran el verdadero sentido de lo que acompaña: el andar de la fe, el compás del corazón, el ritmo del alma.

No entienden que cada nota es una lágrima ofrecida, que cada acorde sostiene una promesa y que cada silencio es una oración escondida entre los metales.

También están los músicos de Ella, de mi Madre bendita, Reina de los cielos y de las madrugadas.

Ellos no tocan, acarician.

No suenan, suspiran.

Sus melodías no hieren el aire: lo perfuman.

Cuando interpretan una marcha dedicada a la Virgen, el mundo parece detenerse, porque su música es plegaria vestida de pentagramas.

Son los que lloran mientras tocan, los que miran de reojo el palio y sienten que en cada compás late la presencia de la Madre.

Yo los miro y los bendigo.

Bendigo al que sopla hasta quedarse sin aliento, al que golpea el parche hasta que sus manos sangran, al que carga con el bombo como si fuera una cruz más.

Bendigo al que llega tarde a casa después del ensayo, al que se gasta su dinero en uniformes y viajes, al que da más de lo que recibe.

Porque su música no es ruido: es fe.

No es espectáculo: es oración.

Y aunque algunos solo vean una banda, Yo veo una hermandad de corazones que me acompañan en mi caminar.

No os fijéis solo en el brillo del metal ni en el virtuosismo del sonido.

Mirad más allá y descubriréis que la verdadera música nace del alma de quien cree, de quien reza tocando, de quien toca rezando.

Yo, Jesús de Nazaret, os digo: cuando mi paso avanza y suena la marcha, no es la música la que me guía… Soy Yo quien la inspira.

Y mientras el pueblo se emociona, mientras la Virgen parece flotar al compás de un pentagrama eterno, Yo sonrío en silencio, porque sé que tras cada nota late el corazón de un creyente que ha hecho de su instrumento un trozo de cielo.

Benditos seáis, músicos del alma, que hacéis del viento plegaria y del metal promesa.

Benditos los que, con lágrimas en los ojos, seguís mi paso sin pedir recompensa.

Benditos los que ensayáis bajo la lluvia, soñando con el día en que suene vuestro redoble en el cielo.

Que mi sangre os dé fuerza, que mi Madre os cubra con su manto, y que cada nota vuestra sea semilla de fe y esperanza.

Porque, cuando callen las cornetas y el tambor se apague, vuestra música seguirá sonando en el corazón de Dios.

27
Las hermandades de los gitanos

Yo os hablo hoy de un pueblo que ha caminado largo tiempo por sendas difíciles, un pueblo que ha sufrido, que ha sido marginado, perseguido y, sin embargo, ha mantenido viva su fe y su alegría.

Las hermandades gitanas son expresión de ese espíritu: valientes, profundas, auténticas, llenas de vida.

Estas hermandades no son solo cofradías. Son casas de fe, de comunidad y de caridad. Son un ejemplo de cómo se puede vivir el Evangelio en medio del dolor y la discriminación y, aun así, seguir amando, seguir rezando, seguir acompañando a Cristo en la calle.

Su pastoral gitana no es una simple formalidad: es una manera de enseñar, de evangelizar y de mostrar que Dios es cercano a todos, especialmente a los que han sufrido.

En este año, mientras se escriben estas páginas, también se conmemoran los seiscientos años de la llegada del pueblo gitano a España.

Seis siglos de historia marcada por la resiliencia, la lucha y la fe.

En ese tiempo, muchas veces invisibles para el mundo, los gitanos han encontrado en la Iglesia y en sus hermandades un lugar donde sentir pertenencia, donde ser reconocidos y donde crecer en amor.

Y es justo decir también que en estas hermandades no solo hay hermanos gitanos. Muchos hermanos no gitanos forman parte de ellas desde hace años, trabajando, luchando y rezando exactamente igual que los demás, con la misma entrega y el mismo amor.

De la misma manera, en muchas hermandades que no son de los gitanos, hay hermanos gitanos que se esfuerzan, sirven y se desviven como el primero.

Porque la fe y el trabajo cofrade no entienden de origen, sino de corazón.

Entiendo las normas que a veces parecen difíciles de comprender para quienes no pertenecen a estas hermandades. La tradición no siempre escrita, la costumbre de que, si es posible, el hermano mayor sea gitano, no es un acto de exclusión, sino de protección. Es una forma de salvaguardar la identidad de la hermandad y de honrar un legado que se ha forjado en siglos de historia y de sufrimiento.

Es un pueblo que ha sabido cuidar lo que tiene, porque sabe lo que ha perdido, porque conoce el precio de la marginación.

Y, sin embargo, la riqueza de estas hermandades no está solo en sus tradiciones, sino en cómo viven la fe.

Cuando la banda comienza a sonar y los pasos avanzan por la calle, se ve la devoción auténtica, la entrega total.

Cuando los hermanos se acercan al necesitado, cuando los niños aprenden a rezar y a amar, cuando la alegría y la emoción se mezclan con el llanto, allí está la Iglesia viva, allí estoy Yo, presente en medio de ellos.

Y entonces, cuando pasa mi Madre y el aire se vuelve oración, se escucha ese cante antiguo, nacido del alma y no del arte: «¡Ay, mi yeli, mi yeli, mi ya!».

No es solo un grito, es una plegaria. Es el corazón gitano que se desborda y se ofrece con amor. En ese eco se une el dolor y la esperanza, la historia y la fe. Porque cuando el gitano canta, su voz no pide…, agradece.

Hablar de las hermandades gitanas es hablar de un ejemplo de comunidad que sabe ser acogedora y solidaria, pero también firme en su identidad. Han sabido conservar su forma de ser, su cultura, y al mismo tiempo abrir sus puertas al Evangelio.

No son solo cofradías, son faros de luz que muestran que la fe no se mide por origen, riqueza o posición, sino por amor y entrega.

Sé que no todos comprenden estas reglas internas, estas costumbres que parecen estrictas para los que observan desde fuera. Pero Yo veo el corazón de cada hermano y de cada hermana. Veo el amor que los une, veo la devoción que los mueve, veo la fidelidad a un pueblo y a su historia.

Y os digo que esa fidelidad también es Evangelio, porque amar a los tuyos, cuidar lo que Dios te ha dado, enseñar a los niños y proteger la comunidad es un camino de santidad.

Las hermandades gitanas son necesarias y buenas.

Necesarias porque muestran al mundo la riqueza de la diversidad dentro de la Iglesia, la fuerza de un pueblo que no se rinde y la capacidad de transformar la marginación en luz.

Buenas porque cada acto de devoción, cada gesto de caridad, cada mirada de amor, refleja el rostro de Cristo.

Que este capítulo sea un homenaje a todos los hermanos y hermanas que, a lo largo de siglos, han mantenido viva la fe en sus barrios, en sus casas y en las calles de sus ciudades.

Que sea también un recordatorio de que Dios camina con los que sufren, con los que son marginados, con los que luchan por conservar su identidad y su dignidad.

Y Yo, que soy el mismo ayer, hoy y siempre, sigo caminando con ellos en cada paso, en cada marcha, en cada oración.

Porque donde hay fe verdadera, donde hay amor que supera el dolor, allí estoy Yo, con vosotros, celebrando, consolando y guiando.

28
Los guardianes del camino

Camino con mi mirada entre la multitud y veo que no solo los pasos y los nazarenos llenan las calles. Hay otros que, sin túnica ni capirote, también caminan conmigo: los que velan para que todo transcurra con orden y seguridad.

Ellos llevan uniformes distintos, pero todos comparten la misma devoción silenciosa: servir para que la fe pueda desplegarse sin tropiezos.

Veo a los militares, firmes y disciplinados, escoltando los pasos no con armas de guerra, sino con la fuerza serena de la paz.

Sus pasos marchan con precisión, formando un cordón de protección alrededor de la devoción.

No portan velas ni cirios, pero sostienen la seguridad con la misma entrega con la que un nazareno sostiene su cruz.

Cada mirada alerta, cada gesto mesurado, garantiza que los demás puedan caminar tranquilos y que la ciudad respire devoción sin miedo.

Junto a ellos, la Policía Local y la Nacional se mueven entre la multitud con suavidad y respeto.

Sus silbatos solo suenan para proteger; sus manos no se alzan en ira, sino en ayuda.

Veo cómo orientan a los turistas perdidos, cómo ayudan a los niños que se separan de sus padres, cómo acompañan los pasos cuando las calles se estrechan.

Ellos también son custodios de la fe, aunque su fe se manifieste en acciones discretas, invisibles para muchos ojos.

La Guardia Civil, siempre alerta, vigila los caminos que llevan a los templos y a las plazas.

Sus gestos son firmes, pero su corazón late al mismo ritmo de los tambores y los pasos.

Cada semáforo controlado, cada calle despejada, cada cordón de seguridad es un acto de cuidado, un acto de amor silencioso.

Ellos saben que su deber es proteger a todos los que caminan, y lo cumplen sin alarde, porque entienden que la devoción no necesita aplausos.

Protección Civil y los voluntarios completan la escena.

Entre ellos hay quienes ofrecen agua, quienes acompañan a los enfermos, quienes prestan sus manos para cualquier necesidad inesperada.

Veo cómo un voluntario sujeta un brazo débil para que no caiga, cómo otro se inclina para recoger un cirio caído, cómo alguien sonríe para tranquilizar a un niño asustado.

Cada gesto es discreto, pero imprescindible: sin ellos, la Semana Santa no sería la misma.

Y detrás de todo esto están los planes, las coordinaciones, las reuniones previas que nadie ve.

Mapas sobre mesas, radios encendidas, instrucciones transmitidas con precisión.

Todo pensado para que los pasos puedan avanzar, los nazarenos puedan caminar en silencio y cada familia pueda contemplar la procesión sin sobresaltos.

Todo forma parte de un cuidado invisible, pero necesario, que convierte la devoción en seguridad y la seguridad en paz para el corazón de los fieles.

Desde mi lugar los contemplo a todos y me alegro de que el amor también se manifieste en vigilancia y servicio.

No todos llevan túnica ni rezan con voz alta, pero todos contribuyen al misterio.

Sin su entrega, incluso la fe más grande podría tambalearse ante el caos.

Ellos son guardianes del camino, y su sacrificio también es un acto de devoción.

Al final del día, cuando los últimos pasos se retiran y las calles recuperan su silencio, sigo viendo sus rostros cansados pero satisfechos.

Cada militar, policía, voluntario y miembro de Protección Civil ha caminado conmigo, ha cuidado de mi pueblo, ha protegido lo que es sagrado.

Y Yo los bendigo en secreto, porque sé que su fe se manifiesta no solo en oración, sino en acción.

Porque la Semana Santa no es solo túnicas y pasos: es cuidado, entrega y vigilancia.

Y en cada gesto, grande o pequeño, ellos también me acompañan, con la misma dignidad y amor con que todos mis hijos caminan por estas calles.

29
Los olvidados

Desde lo alto de mi paso, mientras el incienso se enreda entre los cirios y el rumor de los tambores marca el compás del alma, mis ojos buscan a los que ya no están bajo las trabajaderas. Aquellos que un día se metieron con fuerza y fe, y que hicieron de cada levantá una oración. Cuando lo hacían, todos los conocían, todos los esperaban, todos hablaban de su entrega. Hoy caminan por la acera, en silencio, viendo pasar al Señor al que un día llevaron sobre su cuello. Y pocos, muy pocos, los recuerdan. La memoria de los hombres es frágil, y el reconocimiento se apaga pronto cuando el cuerpo ya no puede y el costal descansa para siempre en un cajón.

También veo a otros, los que no suenan en los atriles ni marchan al compás de cornetas. Los que no llevan vara ni túnica, los que no se visten de gala ni suben al paso, pero están en todo. Son los que barren la cera del suelo, los que abren la puerta del almacén, los que ponen un tornillo, los que llevan un recado o los que esperan a que todos se vayan para apagar la última luz del templo. Están siempre, pero nadie los nombra. No salen en las fotos, no figuran en los listados, no tienen distinciones ni medallas. Son los invisibles de mi hermandad, los que hacen posible lo que otros presumen haber hecho.

Alguna vez, en una salida extraordinaria o en un vía crucis, les dejan el estandarte o el bacalao. Y aunque representen a toda la hermandad, pocos saben que es pesado, incómodo, que el viento lo empuja y las manos duelen. Pero ellos lo llevan con la misma fe que otros cargaron con mi cruz, sin esperar aplausos ni reconocimientos.

Se hacen homenajes hasta a una paloma que pasó volando y rozó con su ala el palio, pero rara vez se acuerdan de ellos. De los que, sin ruido, mantienen viva la llama de lo sagrado. Los que no se sientan en juntas ni dirigen cortejos, pero son corazón constante de cada hermandad.

Yo sí los veo. Desde lo alto, los miro uno a uno. Los conozco por su nombre y por su entrega. Porque en el cielo hay sitio para ellos, y allí también se trabaja. Entre nubes y gloria, hay uno de Utrera que sigue ayudando, como hacía en la tierra. Se llama Geromo, y dicen los ángeles que está con San Pedro, quitando las hierbas de la puerta del cielo, para que siempre esté abierta cuando llegue otro de los suyos.

Y cuando esa puerta se abra, que suenen las campanas y florezcan los jazmines, porque entrarán los olvidados, los que nadie nombra, los que hicieron de su vida un servicio callado, y en mi Reino serán los primeros.

30
Los acólitos y los monaguillos

El aire de la tarde se llena de incienso y cera encendida, de rezos que se confunden con el rumor de los pasos sobre el adoquinado. Entre la muchedumbre que se abre con respeto, surgen ellos: los que me sirven de cerca, los que llevan la luz, el humo y el silencio como ofrenda.

Avanzan con solemnidad, conscientes —aunque no del todo— de lo que representan. Son los acólitos, esos pequeños ministros de mi paso, que entre ciriales y dalmáticas repiten en la calle el mismo rito sagrado que un día aprendieron junto al altar. No desfilan: oran. No caminan: acompañan. No lucen: sirven.

La llama que sostienen en lo alto ilumina más que la cera; es reflejo de la fe que titila en sus almas jóvenes. Cada paso que dan resuena en mi corazón como una oración que asciende entre el murmullo del pueblo. Ellos no necesitan palabras para hablarme, porque me hablan con la luz, con el humo que se eleva, con el silencio reverente que guardan incluso cuando la bulla los rodea.

Entre ellos, uno destaca por su porte sereno y su mirada atenta. Es el pertiguero. En su mano lleva la pértiga, fina y firme, que no manda, sino que guía; que no impone, sino que enseña. Sus movimientos son suaves, casi imperceptibles, pero en ellos se sostiene el orden, la dignidad, la compostura del grupo. Cuando levanta la pértiga, todo se detiene; cuando la inclina, todo prosigue. Y en esa armonía silenciosa me encuentro, porque también Yo marqué el rumbo de los míos con la vara de la humildad y el ejemplo.

A su alrededor, los acólitos del incienso me ofrecen su ofrenda más pura. El turiferario hace sonar las cadenas del incensario, y cada vaivén deja tras de sí una estela de olor bendito que se enreda entre las flores del paso y llega hasta mis pies clavados. En el humo que sube me llega el suspiro del pueblo, la plegaria que no se atreve a pronunciarse, el perdón que no se confiesa pero se siente.

Y detrás de ellos, como pequeños ángeles que aún no saben volar, vienen los monaguillos. Algunos caminan serios, imitando a los mayores; otros, con el candor de quien no entiende el misterio, pero lo intuye. Sus manos apenas pueden sostener la naveta o el cirial pequeño que se les confía, pero su inocencia sostiene más que cualquier esfuerzo.

Los veo mirar al cielo cuando la música cesa, cuando el incienso los envuelve y sienten, sin saberlo, que caminan muy cerca de Dios. Son mi alegría escondida en la procesión, mi infancia redimida en la pureza de sus almas. Y sé que muchos de ellos, con los años, volverán a servirme vestidos de dalmática, de túnica o de penitente, pero siempre con el mismo fuego en el pecho.

Mientras el paso avanza y el sol comienza a apagarse tras los tejados, sus figuras se recortan entre la luz de los cirios y la sombra de las nubes de incienso. La gente los mira con ternura, pero Yo los miro con amor eterno, porque en su entrega pequeña reconozco la grandeza del servicio.

Ellos no predican, no mandan, no dirigen; simplemente sirven. Y en su humildad resplandece el Evangelio vivo. En su andar pausado se escribe mi mensaje: que quien quiera ser grande se haga servidor de todos.

Y así, cuando la noche desciende y el incienso ya se confunde con el azahar, los acólitos y los monaguillos siguen su camino, rodeando mi cruz, como estrellas que no se apagan, como luceros que custodian el misterio de la fe procesional. Y Yo, desde mi cruz, los bendigo uno a uno, porque en cada mirada, en cada gesto, en cada cera encendida, reconozco la ofrenda callada del amor más puro.

31
La recogida

Desde lo alto de la cruz contemplo la ciudad en silencio, como quien observa un río que regresa a su cauce después de la tormenta. La procesión avanza lentamente hacia la puerta de la iglesia. Cada paso lleva consigo el peso de siglos, de memorias, de promesas cumplidas y no cumplidas. La madera de los pasos cruje bajo los hombros de los hombres que la cargan, y cada crujido es un latido, un suspiro de fe, un murmullo de esperanza. El aire huele a incienso y a cera derretida, mezclado con el polvo de la ciudad y el sudor de quienes se entregan.

Los costaleros son la médula de esta procesión. Sus hombros arden, sus manos tiemblan y sus pies parecen de plomo, pero siguen avanzando, paso a paso. Algunos murmuran plegarias, otros repiten promesas hechas años atrás: «Si se salva mi madre, si mi hermano recobra la salud, yo cargaré este paso cada año».

Algunas promesas se cumplen, otras se estrellan contra la dura realidad: enfermedad, muerte, injusticia. He visto a hombres pedir por la vida de un hijo y ver cómo la muerte llegaba igual. Comprendo su duda, porque como hombre también dudé.

Recuerdo a aquel costalero que cargó el paso con la fuerza del corazón. Su hijo estaba enfermo, y bajo la madera murmuraba su súplica: «Que se salve..., que no le falte vida...». Caminaba lento, midiendo cada paso, con los ojos húmedos y la respiración entrecortada. Pero su hijo murió esa misma noche.

Lo vi después de la recogida, desplomado en un banco de la iglesia, temblando, vacío. La fe, que había sido roca, se resquebrajó. Dudó de todo: de los hombres, del mundo y de mí, aunque Yo estaba allí, en su entrega y en su dolor.

Años después, aquel hombre volvió a meterse bajo el paso. Esta vez no pedía milagros para cambiar la vida de su hijo; pedía por su alma. Su gesto no era desesperación, sino amor. Cada gota de sudor que caía sobre la madera era una oración silenciosa, un acto de entrega que no necesitaba respuesta.

Su fe, herida y reconstruida, se alzaba sobre el dolor y la pérdida. Allí comprendí que el verdadero milagro no es la respuesta a la súplica, sino la capacidad de volver a amar, de volver a entregar el corazón, aunque el cielo guarde silencio.

Alrededor de él, otros costaleros comprendían sin palabras. Habían vivido pérdidas, promesas incumplidas, lágrimas escondidas bajo la túnica. Cada paso era un altar portátil donde la humanidad y la divinidad se encontraban. La fuerza no estaba en los músculos, sino en el corazón que persistía, en la fe que seguía a pesar de todo.

El capataz, firme en su puesto, dirige con precisión. Sus órdenes no solo guían el paso, sino que sostienen la fragilidad de los hombres bajo él. Cada movimiento es un acto de contención, de protección y de respeto por el sacrificio que cargan en sus hombros. No hay gesto grandilocuente, solo la paciencia y el cuidado de quien entiende que bajo la madera no hay simples cuerpos, sino historias completas de vida, amor y pérdida.

A un lado, un joven recuerda la promesa hecha a su abuela enferma: cargar aquel paso si ella encontraba la serenidad que necesitaba.

Cuando la abuela partió, él caminó bajo la madera sin alegría, pero con la solemnidad del amor cumplido. Sus ojos, húmedos, reflejaban la mezcla de tristeza y gratitud, de respeto por la vida y por quien le enseñó la fe.

Otro costalero, con el corazón encogido, recordaba a su padre ya ausente. Había prometido cargar aquel paso si él encontraba descanso tras tanta lucha. La noche anterior recibió la noticia de su fallecimiento, y caminó bajo la madera con un nudo en el pecho y lágrimas que se mezclaban con el sudor.

Su dolor se transformó en fuerza silenciosa, y la madera recibió no solo peso físico, sino la memoria viva de un amor eterno.

Los nazarenos, testigos silenciosos del recorrido, avanzan con paso firme. Su cera gotea despacio sobre el suelo, como si marcara el camino de la penitencia y la fe. Muchos llevan bajo el antifaz oraciones que no se atreven a pronunciar. Algunos cargan culpas, otros agradecimientos. En su silencio, en su andar constante, se esconde una lección de humildad. Son el alma anónima de la procesión: los que caminan sin ser vistos, pero sostienen la fe de todos.

Las mujeres, muchas veces invisibles para la multitud, también están presentes. Las camareras que cuidan los mantos, las que preparan cada flor, las que aseguran que cada vela esté encendida. Sus manos son suaves, pero su entrega firme. Mi mirada contempla su amor silencioso, su devoción que no necesita aplausos. En cada pétalo, en cada hilo, en cada lágrima que cae al ver el paso entrar en la iglesia, hay tanto amor como bajo la trabajadera.

Entre los músicos, los más jóvenes sienten la presión de no equivocarse; sus instrumentos son plegarias que acompañan el paso. Los veteranos tocan de memoria, y sus notas fluyen como un susurro de fe que envuelve a todos, creando un espacio sagrado entre la ciudad y el templo.

Los fieles se arremolinan a los lados. Algunos se arrodillan, otros aplauden, otros murmuran críticas vacías. Pero Yo, desde la cruz, veo la verdad: la fe no se mide por la apariencia externa, sino por la capacidad de amar y entregarse, incluso cuando todo parece perdido.

Y allí, en la puerta del templo, el hermano mayor espera. Su rostro mezcla el cansancio y la gratitud. Ha sido guardián de la fe de su hermandad, guía de sus hermanos, padre de todos. Mientras el paso se acerca, levanta la mirada hacia mí y me entrega, sin palabras, la promesa de seguir.

La recogida no es solo el final de una procesión, sino el abrazo de toda una hermandad que vuelve a casa. El hermano mayor contempla a sus costaleros, a sus nazarenos, a sus camareras y músicos, y comprende que cada uno ha puesto su parte de alma en este camino. Las puertas del templo se abren y la Hermandad entera entra como un solo cuerpo, un solo corazón.

He visto hermanos que habían discutido tenderse la mano bajo la madera y caminar juntos hasta el final. La madera no solo soporta peso físico, sino también rencores y heridas. En la recogida todo se purifica: la unidad vuelve a nacer, sin trompetas ni palabras, solo con el eco del compromiso compartido.

Los niños observan con asombro. Preguntan por qué los hombres cargan tanto peso, y los mayores les hablan de devoción, de promesas, de amor. Yo, desde la cruz, pienso en cómo esas semillas crecerán. Un día, ellos también cargarán, también prometerán, también llorarán y creerán.

Cuando el último paso entra en el templo, el silencio se posa sobre la iglesia como un manto. Los costaleros bajan la cabeza, se quitan el costal y muchos apoyan la frente sobre la madera buscando consuelo. Algunos lloran, otros sonríen. Y Yo, que fui hombre y soy Dios, comprendo la hondura de cada plegaria no respondida, de cada esperanza rota, de cada entrega total.

La verdadera fe no exige milagros; la verdadera fe persiste, incluso cuando el cielo calla.

El costalero que perdió a su hijo y volvió a cargar entiende ahora que el amor no espera recompensa. La fe auténtica no mide resultados. El sacrificio y la entrega tienen un valor infinito, aunque nadie más lo vea.

Las luces se atenúan, los pasos descansan y los hombres que caminaron cargando no solo imágenes, sino sus propias historias, se alejan transformados.

Y en ese instante, mientras la ciudad se aquieta, mientras las puertas del templo se cierran y el silencio se adueña de todo, comprendo algo más profundo: aunque la procesión termina, todo comienza de nuevo.

La fe, la entrega, la devoción y la esperanza regresarán con cada paso siguiente. Cada promesa, cada plegaria, cada lágrima y cada gota de sudor derramada bajo la madera es semilla que germinará otra vez.

La recogida es el cierre de un ciclo y el inicio de otro. Cada puerta que se cierra es eco de futuras promesas; cada luz que se apaga, preludio de nuevos amaneceres de devoción.

Y Yo, desde la cruz, miro a los hombres y comprendo: la vida cofrade no termina nunca, porque mientras haya fe, mientras haya amor y entrega, siempre habrá pasos que cargar, corazones que ofrecer y milagros que nacerán de lo más humano y lo más divino.

Porque así es la vida, y así es la fe: todo termina y todo comienza de nuevo, como un río que nunca deja de fluir.

Amén.

Epílogo

No he osado tomar el nombre de Dios en vano, porque sé que sus palabras son sagradas y sus silencios infinitos. Cada línea de estas páginas, cada recuerdo que he intentado atrapar, lo he escrito con la reverencia de quien sabe que la fe no se posee: se cuida, se ofrece y se protege.

He querido mirar, sentir y relatar la Semana Santa tal como creo que Él la contempla: con amor, con paciencia, con humildad y con ternura.

He caminado con la mirada por calles, plazas y templos; he contemplado túnicas, pasos, capirotes, incienso, flores y tambores. En cada gesto he visto la entrega de quienes saben que la devoción no se presume, sino que se ofrece.

He hablado de nazarenos y niños, de ancianos y jóvenes; de floristas, camareras y vestidores; de músicos, capataces y costaleros. Todos ellos participan de un milagro silencioso: mantener viva la fe sin buscar reconocimiento, sostener la tradición sin pretender poseerla.

He tratado de mirar con los ojos del alma, de percibir la emoción contenida, el esfuerzo, la paciencia y la alegría callada que envuelven cada paso, cada túnica, cada flor, cada cirio y cada plegaria. He querido reflejar el amor que no se ve, la entrega que no reclama aplausos, la devoción que no necesita título. Así creo que Él contempla a su pueblo: no en la ostentación, sino en la pureza del corazón que se inclina ante el misterio.

He observado cada detalle: la mano que sujeta un brazo tembloroso, el cirio que otro sostiene para que no se apague, la flor que se acomoda con cuidado, el paso que avanza con pasos vacilantes y firmes a la vez. He visto a los que caminan sobre ruedas, entregados en alma y corazón, demostrando que la devoción no se mide por la fuerza de las piernas, sino por la sinceridad del amor.

He visto cómo cada gesto pequeño sostiene el milagro de la Semana Santa, y cómo, sin saberlo, cada corazón escribe poesía con su paso.

Los militares escoltan los pasos, no con armas de guerra, sino con la fuerza serena de la paz, formando un cordón que protege la devoción, asegurando que el misterio pueda desplegarse entre las calles sin temor.

La Policía Local y Nacional, la Guardia Civil, Protección Civil y los voluntarios caminan con ellos, cada cual cumpliendo su tarea, cada cual sirviendo en silencio, para que la ciudad respire tranquilidad y fe.

Todo ello forma un tejido invisible, un canto silencioso de cuidado y amor que permite que la Semana Santa se viva plenamente, que los corazones se inclinen con seguridad y que la devoción permanezca intacta.

Cada túnica, cada capirote, cada flor y cada paso son un poema que Él lee con la mirada infinita. Cada gesto de humildad y entrega, cada lágrima y cada suspiro son palabras que no necesitan boca para rezar.

He querido reflejarlo todo como creo que Él lo ve: con respeto, con amor y con la certeza de que lo que se ofrece con el corazón nunca se pierde.

Y así, mientras las calles vuelven a su ritmo cotidiano y los templos guardan su silencio, Yo sé que algo ha quedado en pie: la fe, la devoción, el cuidado y el amor.

Que la Semana Santa continúe engalanando la vida de los hombres y mujeres, que sus pasos sigan resonando en las piedras antiguas, que el incienso siga subiendo al cielo y que la luz de los cirios siga alumbrando los corazones de quienes saben mirar con alma.

Que lo escrito en estas páginas permanezca como un testimonio de respeto, como un reflejo de la entrega de tantos que caminan sin ostentación, y que inspire a otros a vivir la Semana Santa con la misma pureza que Yo he intentado transmitir, tratando todo como creo que Él lo contempla: con ternura, con paciencia y con amor infinito.

Que la Semana Santa sea siempre puente entre el cielo y la tierra, entre los vivos y los que han partido, entre el pasado y el presente.

Que perdure en memoria y espíritu, y que sus ecos continúen hablando a los hombres y mujeres de hoy y de mañana, recordándoles que la devoción verdadera no necesita palabras, solo corazones que se inclinan con sinceridad y entrega.

Y Yo, desde mi lugar, bendigo a todos los que caminan, a los que sirven, a los que cuidan y a los que aman.

Que la belleza, el misterio y la paz de la Semana Santa sigan engalanando los corazones, y que su espíritu perdure, eterno, en cada paso, en cada mirada y en cada suspiro de devoción.

Porque mientras haya un corazón que rece, una mano que sirva, y una lágrima que se ofrezca, la Semana Santa no morirá jamás.

Y si estas páginas logran que un alma mire al cielo con fe renovada, habrá valido la pena escribirlas.

Agradecimientos

Este libro no habría sido posible sin el apoyo y la colaboración de muchas personas y entidades que, de una u otra forma, han acompañado este camino.

Mi más sincero agradecimiento a mi familia, por su paciencia, su comprensión y su apoyo constante durante todo el proceso de creación.

Quiero expresar también mi gratitud a las empresas colaboradoras, cuyo respaldo ha sido fundamental para que esta obra vea la luz:

Luis de Quinta Inmobiliaria, S. L.
Calle Álvarez Hazañas, 7, Local 2, Utrera
Tel. 693 259 665
Estanco Cofrade – Exp. nº 9
Calle Sevilla, 1, Utrera
Pinturas de Color
Calle María Auxiliadora, 6, Utrera
Telco Sur Almudeyne
Calle Vera Cruz, 1, Local 5, Utrera

Cafetería Churrería Chari

Plaza de la Constitución, 12, D-3, Utrera

Pinturas y Decoración Francisco

Trabajos verticales

Tel. 629 749 626

Te Apetece

Fuente Vieja, 20 A, Utrera

Tel. 627 354 760

Farmacia Ceballos Torres, Análisis clínicos y fórmulas magistrales

Calle Sevilla, 8, Utrera

Tel. 954 860 269

Corpas Ortopedia

Avda. Brigadas Internacionales, Local 16, Utrera

Tel. 955 861 050

Alquigemasur

Carretera Écija-Jerez, km 7,2, Utrera

Tel. 633 747 216

La Ebanistería · David Vera, Cocinas, armarios y vestidores

Calle Las Mujeres, 13, Utrera.

Tel. 610 756 643

Estanco – Exp. nº 10

Avda. Juan XXIII, 1, Utrera

Graneles Triana, Especias, legumbres, chocolates y mucho más

Calle Fuente Vieja, 1, Utrera

Tel. 622 229 509

Construcciones Obra Civil Álvaro 2020
Carretera Villamartín, km 1, Las Cabezas de San Juan
Industria Desmontadora Andaluza, S. L.
Las Cabezas de San Juan

Mi agradecimiento a Ediciones Pangea, por su confianza, profesionalidad y por creer en este proyecto desde el primer momento; y a José Peña Fierro, editor de esta obra, gracias por su cariño, su dedicación y por hacer que este libro llegara a su forma definitiva con tanto cuidado y esmero.

Gracias igualmente a Francisco Caro Crespillo, creador del prólogo de esta obra; gracias por sus palabras y generosidad.

Y, de manera muy especial, mi agradecimiento a Pedro Aranda Valiente, mi mentor en el ámbito de la literatura, por su generosidad, su palabra oportuna y por enseñarme a caminar con humildad por el sendero de la escritura.

Y, finalmente, gracias a Jesús, nuestro Dios, y a su Madre Santísima, por haberme permitido ser sus pies durante algunos años; porque en ese caminar silencioso nació la reflexión sin la cual este libro jamás habría sido escrito.

Esta edición de *El latido de la Cruz*,
de José Manuel Carnerero López,
terminó de imprimirse en febrero de 2026.